中华先贤人物故事汇

# 李冰

杨学敏 著

中华书局

**图书在版编目(CIP)数据**

李冰/杨学敏著. —北京:中华书局,2020. 11(2023. 10 重印)
(中华先贤人物故事汇)
ISBN 978-7-101-14795-7

Ⅰ.李… Ⅱ.杨… Ⅲ.李冰(战国)-生平事迹
Ⅳ. K826.16

中国版本图书馆 CIP 数据核字(2020)第 185396 号

| | | |
|---|---|---|
| 书　名 | 李　冰 | |
| 著　者 | 杨学敏 | |
| 丛书名 | 中华先贤人物故事汇 | |
| 责任编辑 | 李洪超　董邦冠 | |
| 责任印制 | 管　斌 | |
| 出版发行 | 中华书局 | |
| | (北京市丰台区太平桥西里 38 号　100073) | |
| | http://www.zhbc.com.cn | |
| | E-mail:zhbc@zhbc.com.cn | |
| 印　刷 | 三河市宏达印刷有限公司 | |
| 版　次 | 2020 年 11 月第 1 版 | |
| | 2023 年 10 月第 2 次印刷 | |
| 规　格 | 开本/787×1092 毫米　1/32 | |
| | 印张 4⅛　插页 2　字数 50 千字 | |
| 印　数 | 6001-9000 册 | |
| 国际书号 | ISBN 978-7-101-14795-7 | |
| 定　价 | 20.00 元 | |

# 出版说明

孔子周游列国，创立儒家学说；张骞出使西域，开辟丝绸之路；书圣王羲之，留下了曲水流觞的佳话；诗仙李白，写下了"举头望明月，低头思故乡"的名篇；王安石为纠正时弊，推行变法；李时珍广集博采，躬亲实践，编撰医药学名著《本草纲目》……

这些杰出的历史人物，有的是在中华民族文明进程中做出过突出贡献、对后世产生过巨大影响的思想家、政治家，有的是对中华优秀传统文化的传承传播发挥过重大作用的文学家、艺术家、科学家，有的是为国家安定统一、民族融合团结和中外文化交流做出过杰出贡献的军事家、外交家……他们为中华民族的繁荣发展做出了伟大的贡献，他们的行为事迹、风范品格为当世楷模，并垂范后世。

他们是中华民族的先贤人物。他们的思想、品德、事迹，是中华优秀传统文化的结晶。他们的故事，是对中华民族的禀赋、特点和气质最生动、最鲜活的阐释。他们的名字，在五千年中华文明史上最为光彩夺目。他们为五千年中华文明史书写了最为光辉灿烂的篇章。

为了解先贤，走近先贤，我们精心组织编写了这套《中华先贤人物故事汇》丛书。以详实可靠的史料为依据，以细腻动人的故事为载体，真实地呈现中华先贤人物的事迹、品格和精神风貌，彰显他们的贡献和功绩，以激发人们对国家民族的热爱，对中华文明、中华优秀传统文化的崇敬。

开卷有益，期待这套丛书成为你的良师益友。

# 目 录

导读 ·········································· 1

受命赴蜀 ·································· 1

初至蜀郡 ·································· 12

致祭望帝 ·································· 29

勘测大江 ·································· 40

擘画蓝图 ·································· 53

壅江作堋 ·································· 68

洛水难驯 ·································· 75

治理雷垣 · · · · · · · · · · · · · · · · · · · · · · · · · · · 84

蜀王兵阑 · · · · · · · · · · · · · · · · · · · · · · · · · · · 91

绵水溉田 · · · · · · · · · · · · · · · · · · · · · · · · · · · 99

修筑栈道 · · · · · · · · · · · · · · · · · · · · · · · · · · 105

凿断虎头 · · · · · · · · · · · · · · · · · · · · · · · · · · 109

水旱从人 · · · · · · · · · · · · · · · · · · · · · · · · · · 117


李冰生平简表 · · · · · · · · · · · · · · · · · · · · · · · · 122

守已换为一个名"寿"的人，此时李冰已经离世。

都江堰以及蜀地的各项水利工程是战国时代蜀郡人民智慧的结晶，而主持这些工程的李冰，作为我国古代杰出的水利工程专家，也将永远被后人缅怀。

# 受命赴蜀

　　时当秦昭襄王三十五年（前272）三月，这一天，秦昭王心情有些兴奋，又有些许凝重。昭襄王是战国时秦国颇有作为的一位国君，这一年，他停止伐楚，准备攻打三晋——韩、赵、魏。如今这个谋划逐渐成型，他心中反倒有些不踏实了。

　　先王灭了蜀国，本想开拓疆域，富国强兵，由巴蜀顺流而下以伐楚。可是自灭蜀以来，蜀人多次叛乱，秦国几度出兵后方止住乱局。近几年秦王又派司马错、张若等数次由蜀起兵伐楚，虽然至今已经四次攻下黔中郡，然而楚人去年还是收复了江边十五城，重建黔中郡以与秦对抗。当年司马错以为得蜀则得楚，谈何容易！秦灭蜀至今已四十五年，局势仍旧如此胶着。究竟何故？秦王决定召见内史李冰，听听他的看法。

李冰是在秦王的寝宫被召见的。君臣礼毕，昭王便开门见山地问道："你可知道楚太子已到咸阳了吗？"

李冰忙欠身道："臣已听说此事。"

昭王紧接着问："既然如此，你是如何看待秦楚和好的呢？"

李冰闻言，略加思索，道："大王的用意，可是要暂缓伐楚，转而攻打三晋吗？"

昭王听了连连点头："不错。"

李冰沉吟道："微臣以为，大王的决定是对的。暂缓伐楚而专攻三晋，当今局势下，远较由蜀伐楚为有利。究其原因，可有四端：楚距秦辽远，而三晋与我接近，此其一；楚虽然也与我相邻，然而秦楚之间巉（chán）岩绝壁，川壑纵横，榛莽丛生，瘴气弥漫，进攻则路途难行，占领之后又不易防守，此其二；韩、魏与我国边境交错，国力又弱，攻占之后，可以威胁齐、楚、燕、赵，此其三；自从秦、赵、燕、魏、韩五国合纵灭齐（前

284）以来，东方六国中赵国最强，成为我大秦之劲敌，必须先削弱赵国，如此则楚等五国就不足为虑了，此其四。"

昭王叹道："先生一席话，与寡人不谋而合！那么应如何处置蜀郡呢？"

李冰答道："即使大王不问，臣也想说说此事。前两年蜀郡太守张若修建成都、郫（pí）邑（今四川成都市郫都区）和临邛（qióng，今四川邛崃市），大王派臣前往相助，臣在蜀郡虽然只待了半年，然而所见所闻，实在令人忧心。蜀人有氐、羌、冉、駹（máng）、邛、筰（zuó）等等，不下数十种，各自有各自的君长，野蛮强悍，难以驯化；蜀地虽号称富饶，但四面环山，其形如盆，雨季一到，往往大地一片沼泽，百姓如同鱼虾，苦不堪言。蜀道之难行，并非只是自秦入蜀难走，即使蜀地内部，到处川流湍急，嶙岩突兀，滩涂深浅难料，水路曲折不定，舟船所到之处，无不有覆没之忧。这些才是大王'得蜀则得楚'之计行不通的原因所在啊。"

昭王闻听，深受触动，不觉往前探了探身，问道："如此说来，难道灭蜀是失策了吗？难道我们应该弃掉巴蜀？"

李冰急忙道："巴蜀当然是富饶之地，先王得到了它，大王您继承了它，焉能放弃？以微臣愚见，不妨趁当前秦楚和好之时，安抚蜀人，治理蜀地，不过数年，一定会真正收到开拓土地、富国强兵之效的。"

昭王大喜，道："好！寡人今日就委任你为蜀郡守！你宽厚爱人，一定能为寡人抚慰蜀民；又通晓天文地理，博学多才，尤其善识水脉，一定能够治理好蜀地。"

昭王注视着李冰，然后缓缓抬起头，望着南方蜀郡的方向，郑重言道："蜀郡虽然山水远隔，却是我诛灭六国、一统天下所仰赖的。蜀郡叛乱，我必会无暇东顾；蜀民穷困，也会令我忧心不安；而且伐楚之事虽然暂缓，但等攻下三晋，由蜀伐楚，仍不失为上上之策。蜀对于秦而言，至关重要，可以说蜀治则秦强，蜀乱则秦弱。希望你尽力而为，且莫辜负寡人！"

李冰躬身正色答道："大王重托，微臣岂敢不尽力！"

　　稍作准备之后，李冰便带着自己的次子二郎及数十位卫兵出发了。离开咸阳已经五天，这褒斜道走了尚不及一半。看来，没有两个月，是到不了成都了。

　　蜀道难行，势比登天。

　　拿衣袖拭了一下额头上的汗珠，举头看了一眼近午的日头，李冰转身对次子吩咐道："二郎，让大伙儿稍事歇息吧，吃口干粮再走。"二郎转身对随行的数十位卫兵喊道："大家稍事休息，吃口饭再走。"大伙儿纷纷就近找树荫坐下，拿出随身携带的干粮吃了起来。

　　秦岭正是山花烂漫时，李冰却无心欣赏这缤纷馥郁的山花。他眼望南方，似乎是在对二郎说话，又像在自言自语："都说蜀道难，这次去蜀郡，恐怕比蜀道更难啊！"想到这里，李冰站起身对众人招呼道："诸位军士，路途遥远，咱们还是尽快赶路吧。"

　　一边走，李冰一边对二郎说："为父在为大王分析列国形势之时，大王虽然称赞，然而为父还是

行走在褒斜道上的新任蜀郡守李冰，却无心欣赏
这缤纷馥郁的山花。

察觉到，大王脸上闪过一丝忧虑。你说说看，大王因何忧虑？"

二郎今年刚满十八岁，身高八尺，生得虎背熊腰，紫色面堂，剑眉虎目，仪表不凡；并且聪慧心细，老成持重，胆略过人，颇有其父之风。他三年前已从军，原本是武安君白起部下，在最近两次围攻大梁的战役中奋勇当先，立下不少战功。短短三年，已由无爵的小夫，升至第五级爵的大夫，脱离了"卒"的级别而升任屯长（管理五十人的低级将领）。这次昭王委派李冰任蜀郡太守，特许二郎跟随作为助手。李冰对此十分感激。对于二郎，李冰也极为器重，这次能在自己身边，当然要好好培养，这也是他突发此问的原因。当然，李冰此问的目的，更重要的是想看看二郎的见识如何。

二郎紧跟一步，答道："父亲大人，大王有此表情，一定是心中有所顾虑。依孩儿愚见，大王所忧虑的，既不在于赵国、楚国如何强大，也不在于韩国、魏国难以攻下，恐怕是在宫墙之内吧？"

李冰闻听心中一动，笑道："哦？我儿所言有点意思，说来听听？"

二郎道："大王二十岁即位，靠的是太后的弟弟、穰（ráng）侯魏冉之力。因而太后、穰侯等以大王年少为由揽权不放，至今已经三十五年。但是大王并非毫无主见之人，如今一遇国家大事，还必须向穰侯请示，他心有不甘，是理所当然的。前不久，穰侯力主攻打齐、魏，其实并非齐、魏有什么过错，也不是我国对齐、魏有机可乘，只是穰侯想扩大他在陶邑（位于今山东菏泽）的封地罢了。穰侯的私心越来越重，路人皆知，大王怎会看不出来呢？"

李冰笑道："我儿所言极是。大王对穰侯积怨已深，总有爆发的一天，然而这是我们不能插手的。如今楚国求和，大王与穰侯都能接受，一是因为楚国吞并越国、夺回淮北之后，即便武安君攻破郢都，其国力尚强，否则也不会重夺十五邑、再建黔中郡了；二者，穰侯有意对齐、魏用兵，而大王则想先挫赵国的锐气，不论如何，对楚收缩战线则是必然之举。如此一来，秦、楚之间定会数年乃至十数年相安无事，这正是巴蜀修养生息的好机会啊。"

李冰顿了一顿，接着说："行军布阵，不是我所喜欢的。我所擅长的，正在有所建设。这也是大王派为父入蜀的用意。这样一来，远离了国都，也就远离了是非。到蜀郡之后，我的身体肯定会很疲劳，但心不会累，也未尝不是一件好事。总之，治理好蜀郡，有益于秦国，有利于蜀地子民，我定当全力以赴！"

说到这里，李冰心中宽解了不少。继续前行，便是一处名唤青云的官驿。官驿建在稍稍偏离主路的一处山坳里，避风向阳，密林环抱，甚是幽静。李冰一行决定在此过夜。走了一天，大伙儿又累又乏，用过晚饭，便早早安歇了。

一夜无话，第二天卯时刚过，李冰便醒了。他穿好衣服，推开窗户打算透透气，一股凉风吹来，李冰不禁打了个冷战。往外看时，只见碧空如洗，春天鲜绿的树叶上挂着水珠。李冰心中为之一振，洗漱罢，见众人尚未醒来，便独自推门出了驿站，独自信步往前走去。

李冰刚走出青云驿，尚未转出山坳，耳中便听到隆隆的水声。循声向前，隆隆之声越发大了。李冰往山谷主路望去，原来隆鸣之声是由路旁的涧水发出的。走近涧溪，只见水势湍急，水中夹杂着泥土砂石、腐枝败叶，冲击着谷中的大小山石，溅起阵阵浊浪，砰訇之声震耳欲聋。好在谷中的褒斜道比涧溪稍高，尚可通行。

李冰沿涧谷又走了约二里路，发现道路忽高忽低，低处已然被飞溅的浪花打湿。见此情景，李冰不免担心起来，这时天已大亮，便往回走去。

回到驿馆，李冰向驿吏询问道："这褒斜道旁，涧水轰鸣，是否会有碍通行？"

驿吏答道："昨夜下雨，山水汇集起来，其势凶猛，这水若再大些，褒斜道便不可通行了。郡守来时走过的路还算好走的，由此白云驿往前，峡谷险隘之处极多，地势起伏倒不很大，只是怕水。若是雨季，暴雨突至，山洪下来，多处道路便被淹没，若要通行，只能待山洪过后了。"

李冰闻听，紧锁双眉，沉吟道："如此，秦、蜀交通堪忧啊，可有什么办法吗？"

二郎从旁说道："若要免除水患，除非把路垫高；遇有水处，便可架桥。"

驿吏道："二郎所说，倒是提醒了小人。小人的家乡商山之中有栈道，小人曾听爷爷说过，是五六十年前墨者巨子腹䵍（tūn）所建。其法，是于崖壁中凿石洞，插入石柱或木柱，再以木板铺于柱上，便成一条悬在崖壁半空的木栈道。山谷中洪水再大，也就无奈我何了。"

李冰击掌道："好主意！待我得空，一定奏明大王，在这褒斜谷中也修一条栈道，那时，秦、蜀相连便无忧矣。"

用过早饭，李冰一行人便匆匆赶赴蜀郡而去。一路艰辛自不待言，等来到成都，已是初夏。

# 初至蜀郡

　　李冰进得成都城，安顿已毕，便请郡尉王錣（zhuì）前来，请教郡中事宜。王錣是李冰赴任之前的代理郡守，而且在张若任蜀郡守时已担任郡尉多年，对蜀郡大小事务十分熟悉。

　　王錣一进郡守府的大门，早已等候在堂前的李冰便快步上前相迎，拱手道："有劳王郡尉。"

　　王錣见新任郡守对自己如此礼遇，甚是感动，连忙向前深施一礼，道："王錣参见郡守！郡守千里风尘，舟车劳顿，刚刚到任，便唤在下前来，垂询郡事，令人感动啊！"

　　李冰忙道："足下居蜀中十余年，大小事宜最为熟知。李某既与足下是同僚，这治蜀大业自然少不得足下鼎力相助啊。"李冰冲王錣做了个"请"的手势，二人便一左一右迈步走进郡府的大堂。

分宾主入席之后，李冰接着说道："此次大王派某前来，与前不同。前者先王派司马错伐灭巴蜀，主要意在依托巴蜀富饶之资，东下伐楚，进而扫灭六国，一统天下。然而司马错、张仪、张若多年经营，却见效甚微。故而大王去岁同意了楚人求和的要求，秦、楚和好，因此蜀郡当下不再是伐楚的跳板，你我的职责，也就不是征兵催粮，而是治理蜀郡。"李冰深知，王錣是自己在蜀郡任上的第一助手，且见其人个头虽不高，然而肩宽背厚，鼻直口方，相貌堂堂，眉宇间透着一股坚毅之色，所以便开诚布公地把昭王与自己谈话、任命的大意说了一遍。

李冰盯着王錣，深切地说道："请郡尉前来，是想请教，这蜀郡的地理风物、人情世故，究竟如何？"

王錣闻言，连忙答道："郡守大人此来，真是蜀中百姓之福啊！即便大人不问，在下也在思量，等大人稍事休息之后前来奉告。既然大人先事垂询，请容在下详细说来。"

王鏓顿了一顿，接着道："说起来，这蜀郡有两件大事，若此二事处置得当，则蜀中大地必成我大秦国的沃土粮仓。第一件，是这蜀民的问题；第二件事，便是蜀郡的水患了。"

原来，巴蜀自被秦伐灭之后，屡有叛乱。蜀人种群甚为杂乱，秦军一到，土人恐惧，皆流窜于西南山林之中，他们山居野处，不识文字，与华夏言语不通，些许叛乱实所不免。然而蜀人虽多戎蛮，但并非冥顽难化之民，其向善慕化之心甚强。蜀郡土人以氐、羌居多，千百年来生于斯、长于斯，其中较为先进者，居住于平原地带，虽不如华夏大国礼乐斯文，可也形成了自己独特的风俗，有君长百官，也讲父子兄弟之礼，原本是很好的；秦军到来之后，这些年来也迁徙来不少秦民，约有数万，与土人杂处，秦、蜀渐相融合，故而近些年叛乱之事已极少了。

还有一些族群，僻处群山之中，有的耕种，也有狩猎的，这些人则较为野蛮，各自划地相保，称王称君，相互抢掠攻伐之事也时有发生。但即便如此，其向善慕化之心也是有的。不知自何时起，山中的蜀民渐渐形成一种习俗，即每至春秋时节，他们在山中无事可做，便出山来做平原蜀民的佣工，帮着耕种收割，平原之民多少给他们口饭吃，或是几件衣物，他们便乐于卖力，不甚计较酬劳多少；夏天平原酷热，他们就纷纷回到山中。这些山民多数心地敦实，干起活来不惜气力，惯于在山野中生存，行走如风，矫捷似猿。他们不仅多无恶意，而且能够成为治理蜀郡的主力。

然而要蜀人为我所用，尚须争得蜀民之心。蜀人无论在平原者，还是居山中者，莫不信奉鬼神，尤多忌讳。如若冒犯其鬼神，或者触动其忌讳，他们无不以性命相搏，极有可能再次引发叛乱。

蜀人以为，其生命、先祖皆是拜这里的大江、大山所赐，故每年都会杀若干牛羊祭拜江水之神与蜀山之神。这里的江水乃大江（即长江）之上游，江水神在蜀郡各地都会祭拜，而规模较大者有两处：一在南部的僰道（道是当时政府在边远蛮夷地区设置的地方行政单位，相当于郡县制下的县）上，其地为僰人所掌控；一在西北的都安，乃大江出山之处，为氐人所掌控。蜀地多山，其神最大者即江水所出的岷山，当地又唤作汶山，祭祀之地也在都安，与江水神同在一处。此外，蜀人极为敬重的一位神，即望帝，传说望帝名杜宇，教会蜀民蚕桑耕作，深得蜀民之心，死后化为杜鹃，啼鸣山中，蜀人以为神。

蜀郡水患的由来则与其地形、气候紧密相关。蜀郡四面皆是大山，北有秦岭，西为岷山，东为巴山，南限大凉山，中间稍低平，形如巨盆。地势如此，兼多雨水，故而水患严重。好在大江自南部山谷中东流而出，蜀郡之水也只有注入大江，方能无患。其水皆源自西部、北部群山之中，水患也来自此二处。盆地虽较低平，但并非一马平川，中间有一道大山，唤作龙泉山，就在成都以东数里，其高数千仞，呈东北、西南走向，纵贯巨盆之中，故而成都之地，北受洛水、绵水之害，西有沱江之患，雨季一到，蜀民人人心惊胆寒，山洪发时，房屋漂没，人为鱼虾，极为凄惨。

既然蜀水只能通过大江流走，那么诸水流出盆地的尾闾便是治洪之关键。尾闾即洪水之出口，这尾闾本在江阳（今属四川泸州），无论北面之洛水、绵水，还是西部之沱江，皆总汇于江阳；但因龙泉山把盆地一分为二，故洛水、绵水都流向龙泉山北段的一个缺口，名唤新都谷（今金堂峡），由此穿过龙泉山而南流入江。如此一来，成都四周又自成一盆地，而新都谷即此盆地之尾闾了。然而，新都谷宽不足四十丈（不足一百米），洪水来时，如何泄得及？成都以北，往往成为泽国。成都以东则有沱水流过，大江的洪水也时常对成都以南之地造成威胁。

李冰听了王鍥的介绍，点头道："郡尉一席话，让我受益匪浅。此二事确是大事，而这两件事若能处置妥当，则蜀郡可兴；蜀郡若兴，何愁国不富、民不强呢？蜀人神灵即蜀郡神灵，为赢民心，我等不但要祭祀这些神灵，更要祭得庄重。唯有官民齐心，治水才有望成功。我当修书一封，上奏大王，请求大王选派一名水工前来襄助。另外，自明日起，还须劳烦王郡尉，随我一同巡访蜀郡各地，一来了解民情，二来寻求贤才，以助我治蜀。"

王鍥连忙躬身答道："郡守既不辞辛劳，如此忠君爱民，在下敢不从命！"

送走王錣，李冰当晚即修书一封，禀明从王錣处了解到的情况，并向秦昭王表达了两个请求：一是请准许李冰代表秦王祭祀江水、岷山及望帝诸神，在蜀民常祭祀处设立神祠，年年奉祀，永为定制；二是请求昭王委派一两名水工及巧匠赴蜀，以助治水和建设。

第二天一大早，李冰将书信交于二郎，并向他详细交代了自己的想法，便命二郎带了几名随从，赶赴咸阳去了。

王錣很受李冰雷厉风行的作风所感染，用过早饭，便早早来到郡守府，准备为李冰带路去各地巡视。

李冰见了王錣很是高兴，道："我已派小子二郎前往咸阳面见大王，请求大王派水工前来襄助。在水工到来之前，还请王郡尉陪我巡视各地，多了解民情。"

王錣道："在下昨夜便盘算此事。我以为郡守可先巡查成都，然后西行至郫，再到都安。郫乃蜀国旧都；成都是张仪、张若二位郡守所建都邑，人物辐凑，最为繁华；都安不仅是大江出山之地，也是山中蜀人出山必经之路，还是大江别出沱江的所在，蜀人也于此祭祀江水神、岷山神，实为治蜀紧要处。不知郡守意下如何？"

李冰道："如此甚好。若可行，我还想去新都谷看看。"

王锬笑道："大人真是心系百姓啊！不过，在下以为，新都谷自然要去，只是最好等水工到来之后再去，届时这洪水如何治理，也好有个商议。"

"也好。咱们先去成都城里城外走一遭吧。"说着，李冰便叫上三五个随从，由王锬引路，迈步出了郡府。


这成都城乃惠文王时张仪创建，后来张若任蜀守，又在其西建小城，而称原城为大城。二城相连，东部大城为郡府所在，周回十二里，四面各有一门，北门名咸阳门，李冰来时即由此门进入，东门、南门、西门分别名阳城门、江桥门、宣明门。小城周回八里，无东墙，依大城东墙而建，二城由宣明门相通。整个成都城仿咸阳之制，故又号"小咸阳"。只见无论大城小城，闾里街衢，鳞次栉比，端直整齐，青瓦白墙，十分洁净。大城设有铁官、盐官，小城则设粮市、锦市、筐市、菜市等等市场，各有长官管理，秩序井然而不失热闹繁华。蜀郡虽与外界交通不便，然而蜀地自身沃野千里，加之周边各道蛮夷往往来此买卖物品、寻求雇佣，故而成都城便成为巴蜀周围的一大都市。

王锬引领李冰先看了大城中的百姓里居，迤逦便行至各官府衙署所在。郡守府邸在大城东北角，各衙署则在其南。当行至铁官门口时，李冰停下身道："王郡尉，蜀郡的铁器极富盛名，我们前去一观如何？"

王锬头前引路，一边走，王锬一边对李冰道："蜀郡物产富饶，铁器是闻名天下的，这里不仅铁矿丰富，锻铁技艺也十分高超。"

正说话间，就听东面临街有家铁匠铺，传出叮叮当当的锻铁声来。李冰走近看时，见两位铁匠师傅皆赤膊，胸前围着牛皮围裙，一人在南，双手举着大锤，猛力锻打着铁砧上的一块烧得通红的铁片；另一人左手用铁钳夹住铁片，右手拿着一把短柄铁锤，与对面之人轮番敲打着烧红的铁片，从铁片的形状看，似乎是一柄锄头。

正看时，门外进来一人，看样子是位农夫，青帕罩头，葛布单衣，肌肤黝黑。来人对铁匠喊道："呵呵，这屋里可真热！前日我托你打的铁犁和锄头可打好了？"

"昨日已打好了。请稍候，我这就给你取来。"一手拿铁钳、一手拿短锤的那位铁匠说着，撂下手中的钳、锤，转身进里屋去了。

很快，铁匠两手分别拿着一把铁犁头和一把锄头走了出来，递于农夫道："你看可满意？"

农夫用拇指拭了拭犁、锄的刃部，点头道："老兄手艺果然名不虚传，好！好！"

李冰顺眼看去，见两把农具很是厚重，而刃部泛着青光，看上去甚是锋利。于是转身对王錣说道："王兄所言不虚，这铁匠的手艺就十分了得。将来治理水患，少不得这些铁制工具。"

李冰当即命人告知铁市长，命郡中铁匠，从今日起，若有空闲，可尽力锻造斧、凿、锤、锸等工具，不拘多少，尽管打造，以备来日治水之需。开山凿石、筑堰修堤，都少不得这些工具，到时候定会派上用场。

王锬引着李冰又略略看了一遭，便由宣明门进入了小城。小城虽小，然而做买做卖、行商坐贾（gǔ）的各色人等，穿梭来往，熙熙攘攘，却是远比大城热闹。

宣明门内第一个市场便是粮市。进得市门，只见两旁列肆无数，稻、粱、豆、黍、粟、稷，五颜六色，堆积如山；大小车辆，肩挑手扛，有往里运的，也有买了往外走的，很是繁忙。

王锬对李冰道："去年幸无水灾，喜获丰收，百姓可谓家给人足。今年又幸得大王免去蜀郡田赋，故而这粮市才如此兴旺啊。眼见得夏收在即，又是个丰年，只盼今年也无洪水，那就再好不过了。"

"是啊，蜀地物华天宝，只这水患，害得百姓只能仰天吃饭。我等为民父母，岂能坐视不管！"李冰看着这繁华的市场，不觉喜忧参半。

离了粮市，旁边是锦市，更有另一番热闹。绫罗绸缎，不仅色彩艳丽，蜀锦织工技艺之巧，更是天下绝伦，只见锦缎上织就的花纹，龙蛇盘绕，鸾凤齐飞，虎腾豹跃，鹤鸣鹿驰，云雷翻滚，日月生辉，还有各种花草纹、藤蔓纹、菱形纹、水波纹等等，真令人眼花缭乱，叹为观止。李冰等人看了，真是赞不绝口，想不到僻处西南，蜀锦技艺竟有如此成就，令人慨叹。

锦市再往西则有筐市。筐市是蜀郡所特有的，因蜀地多竹，当地人把竹子破为竹篾，编成各种筐、篓、箕、畚（běn），以及簦（dēng）、笠、笼、箱等等器具，乃至编织出各种花纹，甚是精致美观。

李冰看罢，不免又想到治水之事，于是转身对王錣道："王郡尉，这筐市于治理水患也颇有价值，你不妨让主管的长官也像铁官那样，让百姓多多准备筐、畚等器具，将来以盛土石。"

王錣笑道："难得郡守有心。不过，这筐市虽有长官管理，但主要职责是维持市场秩序，同时收取赋税，其生产则非官营，与盐、铁不同；另外，蜀地盛产各种竹子，百姓日用也多竹器，郡守是没见到当地百姓制作竹器的本事，这简单的筐、畚等器物，应该不必提前准备，足用！足用！"

李冰也笑道："如此说来，是我多虑了。"

第二天，王鈘带李冰等人巡查了盐市。盐、铁在当时百姓生活中日益重要，皆由官营，故而专设于大城内，其他商业则在小城。进得盐官衙门，李冰觉得较铁官冷清不少，走了几家店铺，买卖不多倒也罢了，连店里储存的盐也较少。

李冰转身对王鈘道："王兄，盐乃日常必须，可这盐官何故如此冷清呢？"

王鈘叹道："哎！大人有所不知。蜀郡本地不产盐，蜀国之时，巴国东部有盐泉，蜀民所需之盐皆由巴来。我大秦攻占巴蜀时，楚人乘机占领了巴东，后来张若率军屡次攻楚之黔中郡，其中一个重要目的就是巴东盐泉，然而楚人也屡次夺回。所以巴、蜀二郡当下东限于楚，从北方关中运盐，又道路艰险；据说西北大山之外倒是有盐湖，然而路途遥远难通，也是远水不解近渴。眼见蜀中人口日繁，这盐却成为一大难题啊。眼下主要靠从关中转运至此，但仅能勉强维持，时有短缺，我等看着也是无能为力啊！"

李冰低头沉思道："不对啊。据我看来，这蜀中形似巨盆，照理讲地下应有盐卤汇集。之所以不见舄（xì）卤之地，主要是雨水较多，把盐份深深压至地中而已。巧在不才略识地下水脉，待我们巡视各地之时，可加留意，或许能找到盐。"

王鍇大喜，道："郡守真是博学多识啊！若能在蜀地找到盐，那可是万千之喜啊！"

王鍇就这样领着李冰在成都转了三天，基本上就把成都的情况摸清楚了。第三天结束时，李冰提议，明日西行，赶赴郫邑。

第二天一大早，李冰仍是早早起来，洗漱、用饭，匆匆收拾了几件衣服，便命人去请了王鍇，往郫邑进发。

走了近一整天的路，不知不觉间已是广都地界。李冰等人觉得甚是乏累，正想寻一处地方歇脚，见前面围了一群人，似乎正在看一件稀奇之物，有的人似乎神色不安，好像还在议论着什么。

李冰走至近前，问众人道："诸位在围观何物？"

这群人中有人认识郡守大人，于是躬身答道："回大人，我等在此开挖河道，不曾想挖出一股泉水，然而这水与一般的泉水不同，又苦又咸，还有点发涩。我等众人极为惶恐，不知是不是挖土得罪了土地神？正商议是不是要报告官长。您来得正好，请郡守大人明断。"

李冰听完，分开众人，走近看时，见一股泉水从地下汩汩而出，水不甚盛，李冰俯身用手捧着尝了一口，果如那人所说，苦涩而咸；李冰又抬头四望，然后看了看附近的地表，眼光再次回到那泉眼处，注视有顷，然后抬头看着众人，哈哈大笑，道："诸位，我等必须感谢上苍，这泉水乃是一口盐泉！"

众人看了郡守大人的反应，很是困惑。李冰解释道："大伙儿知道，咱们蜀郡缺盐，前几日我曾去盐市，已得知这一状况。但我当时就以为，蜀郡成都一带状如巨盆，照理说应有盐分汇集地下，今日果然发现了。这泉水中所含盐分极高，咱们把这水放入锅中煎煮，便可制出盐来。这岂不是上苍的恩赐吗？"

说着，李冰对着泉水跪了下来，大家也跟着跪下，一起郑重地拜了三拜。

起来后，李冰便命人把盐官找来，让他负责在这盐泉周围挖一口盐井，便可开始煮盐了。这广都

李冰抬头看着众人，哈哈大笑，道："诸位，这泉
水乃是一口盐泉！"

盐井，乃是蜀地第一口盐井，之后更在蜀郡各地开挖了多处盐井，从此蜀郡不仅不再缺盐，而且号称"盛有养生之饶"。

# 致祭望帝

　　郫邑在成都西北约百里，路途并不远，但李冰一路上或是下到田间查看庄稼的长势，或是与劳作的农夫攀谈，以了解百姓生活的情状，这样走走停停，这一百里路就用了四五天。

　　此时天气日渐炎热，田间稻谷眼见要收割了，子规哀啼，在田野密林间声声不绝。蜀民每闻子规啼叫，往往驻足遥望，有些老人家甚至落下泪来。李冰对此，是看在眼里，记在心头。

　　直到第六天头上，李冰一行才赶至郫邑城外。远远望去，郫邑地势略高于四周，实际是建在一块土丘之上。郫邑城墙高可六七丈，与成都相近，只是周回也不过七八里，与成都小城差不多，然而这在当时已算一座不小的城邑了。

与成都不同的是，这里的居民无论服饰装扮，还是言行举止，皆颇有古风。李冰看了不免心中奇怪，便问王锬道："王郡尉，我看郫邑百姓，与成都很是不同。两地相去并不甚远，敢问这是何故？"

王锬笑道："郡守有所不知。这郫邑原是望帝杜宇所都，蜀人被杜宇之化，迄今各地无不奉祀，乃至巴人也往往祭祀望帝，以求丰年。而巴蜀各地中，又以此郫邑受杜宇教化最深，也最遵杜宇之遗风，故而与别处不同。"

"哦？这郫邑县令如今是何人担任？"

"郫邑令申畅，乃是陇西人氏，到任已三年。"王锬答道。

李冰说："我有心起用蜀人担任此职，王兄以为如何？"

王锬对李冰的提议甚感突然，不无疑惑地道："前些年蜀人屡有叛乱，这才安稳了没几年，大人若起用蜀人任郫邑令这么重要的职位，是不是会有风险？在下愚钝，未明大人用意，还请大人明示。"

"王兄，以前蜀人叛乱，乃因民心未安；我尊用蜀人，正是为了安抚民心啊。"李冰意味深长地道，"记得郡尉还与我讲过，蜀人最尊之神，除山水之神，人神便是这望帝了。一路走来，子规啼处，人思杜宇，我还想在这郫邑城中，重修望帝祠，好好祭祀一下这位蜀地圣王。"

王锬听了感佩不已，连声道："郡守高见，非在下所及，佩服！佩服！"

说话间，二人已进入郫城东门。李冰便让王锬引领，直奔申畅的县府。

由郫邑东门进得城来，右转，大约走了二三百步，便是县令的府邸了。得知郡守、郡尉驾到，申畅慌忙迎至门外。

王锬解释道："郡守新到郡中，就巡视各地，希望能够尽快了解民情，为蜀郡百姓兴利除害，造福一方。故而来至郫邑，想向申令了解些情况。"

申畅这才长出了一口气，忙道："原来如此。李君爱民如子，令人感佩！两位大人里边请吧。"

三人进了县府大堂，申畅命人采来荔枝，请两位大人品尝。李冰还是第一次吃到这种水果，放入口中，只觉香甜爽滑，沁人心脾。

"这荔枝着实美味，名不虚传啊！"李冰赞许道，"申令，在来的路上，我见田间农夫野老，莫不对望帝深怀敬意，至为思念。不知这郫邑之中可有祭祀望帝的祠庙吗？"

申畅欠身答道："郡守容禀。巴蜀百姓莫不把望帝奉为神明，故巴蜀各地多有祭祀之所，这郫邑乃望帝旧都，自然与别处不同。故老相传，望帝让位于其相开明，自己遁入西山修道去了，所以当地人在郫邑南门外为他建了衣冠冢，并在冢前筑起一座高坛，上有祠堂，便是祭祀望帝之处了。"

"哦。那么平日里百姓是如何祠祭望帝的呢？"李冰问道。

申畅答道："郡守来的正是时候，眼下正是子规啼遍的时节，当地祭祀望帝，便在七天之后的五月五日，若大人在此多盘桓几日，届时下官陪您和王郡尉一同前往观看。"

李冰摆了摆手，道："这真是太好了。不过，我不是要去观看，而是要亲自祭祀。"

李冰此言一出，申畅不免有些诧异，道："郡守是说您要亲自祭祀蜀人的望帝？他可是蛮夷之神！"

李冰两眼含笑："申令何必惊讶。当年太伯入吴，断发文身，不害其贤明。望帝为蜀人圣王，我身为郡守，祭祀一下，有何不妥呢？"

当下李冰便命申畅布告百姓，郡守要亲自祭祀望帝，并请当地德高望重的三位老人与郡守一起主持祭礼，请远近百姓尽量前来观礼，一同祭祀。

布告一发出，顿时引得远近轰动，听说新任郡守要亲自主持祭祀望帝，不仅阆县上下纷纷前来，就连成都，甚至临邛的不少百姓也风尘仆仆地赶来观礼。一时间，郫邑之中已住不下这许多人，人们便在南门外用竹子、树枝、茅草搭了不少窝棚。

连续七天，李冰每日斋戒沐浴，并存问抚慰老弱孤寡，寻访拜会耆宿贤达。同时，李冰命人根据当地礼俗准备祭礼所需物资，并特意叮嘱申畅准备牛、羊、猪三牲，他要以华夏最高礼仪来祭祀望帝。


转眼到了五月五日，李冰早早起来，沐浴更衣，穿戴整齐，与王镪、申畅等一起用过早饭，便奔南门而去。只见一路上熙熙攘攘，全是去参加祭礼的百姓，出了南门，更是人山人海。

到望帝祠时，一起主持祭礼的三位耆宿长老早已等候多时了。李冰与众人见过礼后，便与三位长老携手登上祭坛，面东而立。只见旭日东升，林原莽莽，稻田弥望，陂池星布，沟壑纵横，鸟鸣鱼跃，生机无限。

此时，子规哀啼，在平原旷野间，声声不绝。

李冰命人把三牲、玉帛及各种时蔬鲜果、五谷酒醴等祭品一一摆上，与三老一起对着望帝的神位，长跪而拜。拜了三拜，李冰起身，站在神位前醮酒而祭。祭坛下众人皆呼万岁，许多人已激动得以衣袂拭泪了。

李冰郑重地望了一眼众人，坛下顿时鸦雀无声。李冰再次面向神位，朗声道：

惟王三十五年五月吉日庚辰，大秦蜀郡守冰于沱水之阳、郫都之南，敬祀我蜀先圣明主望帝杜宇。天遣圣主，照临蜀土。教民稼穑，开荒田亩；教民蚕桑，灿我衣服。泽及百国，

李冰与三老一起对着望帝的神位，长跪而拜。

拓我疆域；百国来朝，无思不服。流惠万世，永保我土！冰亲率我蜀千万子民，致祭于望帝神前，哀哉尚享！

李冰声音洪亮，听得百姓莫不热血沸腾、热泪盈眶。众人仰望祭坛，只见李冰冲身后侍从一摆手，大声道："致祭！"

有人迅速上来，把祭坛中间事先准备好的一大堆干柴点着，顿时烈焰飞腾。余下的人在李冰及三位长老带领下，先是把玉帛投入火中，接着便将三牲等祭品一一投到了火上。

坛下的广场中央堆了更高的一座柴堆，这时也同时点燃，各地前来观礼的百姓，纷纷把带来的奉献给望帝的祭品投进火中。

接着，祭坛之上开始表演娱神的歌舞，有人穿着华丽的服饰，戴着狰狞的面具，头上插着长长的雉羽，手拍着腰鼓，一边跳舞，一边高唱着，听起来粗犷而激烈；随着琴瑟箫管等乐音的播奏，坛下的广场上，人们也开始跟随坛上载歌载舞起来。祭祀活动瞬时达到了高潮。

致祭望帝，为李冰赢得了蜀民之心。由于来观礼的百姓数以万计，且来自蜀郡各地，消息很快传开，众人莫不打心底里崇敬这位新任郡守，并憧憬能一睹其风采，盼望他能给蜀郡百姓带来福祉。

祭祀完望帝之后，李冰便与申畅商议道："申令，这些年你在郫县令任上，守土安民，颇多建树。连日来操办望帝祭礼，我看你调度有法，能力出众，便想到有一重任，欲委托于你。"

申畅忙问："不知郡守所托何事？敬请示下，申畅定当全力以赴。"

李冰道："蜀道之难，天下共闻，我来时路途艰难，颇有领略。在青云驿时，驿吏告诉我，其家乡商山之中曾建有栈道，我便想若能在褒斜道、石牛道也建起栈道，秦、蜀之间便成通途。一直以来未有合适人选堪任此事，今遇申令，便觉得非你莫属啊！"

李冰顿了一顿，接着道："我想奏明大王，委任你为葭萌令。葭萌（今四川广元市西南）近石牛道，关山险峻，向来是蜀地要塞，你可先修建石牛栈道，若成功，便可请示朝廷，连同汉中郡的褒斜道也一并由你主持修造。不知申令可否慨允？"

申畅沉吟道："大人抬举，在下不敢不从命。只是这栈道，闻所未闻，更不知如何修造啊。"

李冰笑道："申令尽管放心。青云驿吏曾说，商山栈道是墨者巨子腹䵍所建，我已探听到，这腹䵍虽已不在人世，但他有个弟子，名唤唐姑果，现在朝中。我已派人向大王请求，派唐姑果的一两名弟子前来蜀郡，助我修建桥梁、城郭诸事，届时便可请他们帮助你修造栈道。"

申畅喜道："郡守真是深谋远虑，申畅惟大人调遣！"

李冰道："如此，我先谢过申令了。还有一事，就是这郫县县令的人选，在你离任之后，我想起用蜀人，不知申令以为如何？可有合适人选荐举？"

"大人祭祀望帝，深得蜀人之心，经此一事，申畅已五体投地。大人又欲任蜀人为郫县令，想来也是得民心之举。只是如此重任，必得极为可靠之人方可担任……"申畅略加思索，接着道，"郫邑倒有一位贤能之士，姓谯名通，可堪此任。谯通出身郫邑大族，本人长厚宽仁，惠行乡里，德望夙著；又兼学识渊博，不仅精通本地掌故礼俗，而且对华夏典籍多所涉猎。谯通年方四十，担当郫令是再合适不过了。"

李冰听后大喜："甚好！难得申令如此深明大义。我先向大王禀明此事，你可先做准备，待朝廷任命一到，便请赴任葭萌。"

# 勘测大江

　　处理好郫县之事，李冰与王錬继续往西北行进。不一日，便到了都安。

　　这都安西临江水，是建在玉垒山脉最南端山坡上的一座小城，此城西北是绵延不断的高山，大江把这些山一分为二，西为邛莋山（今邛崃山），东为汶山（今岷山），山峰高处，积雪终年不化；由此往南、往东，地势陡然平缓，便是蜀西平原了。江水在城西北上游不远处因山势所限，由南北转而东西，继而又往南流，一泻千里，滔滔不绝；在城南，则别出沱水，绕城而东，最后也流过新都谷，在新都谷口则有绵水、洛水汇入。

　　李冰抵达都安时已是五月下旬，天气炎热，连日来阴雨连绵，他决定先拜访当地蜀民的头人。正如王鋽所言，此地不仅是江水出山之处，也是山中蜀民出入大山的必经之路，山中蜀民多氐、羌之族，与平原蜀民本非一类，故而他们有自己的社会管理组织方式，以此城而言，就由一位在山中蜀民之中颇负威望的头人进行管理。无论成都还是郫县，要与山民交涉任何事务，大都须通过此头人进行。此人姓杨名磨（氐、羌崇拜羊，故多以"羊"为姓，与华夏交往中渐渐改为"杨"字），年龄三十有余，生得黝黑瘦高，两条细长腿，一对招风耳，颔下略有须髯，双目炯炯有神，显得十分干练。与一般氐、羌山民不同，他不仅能听懂华夏的语言，说得也十分流畅。

李冰见了杨磨，略作寒暄，便说明来意："我此次前来，是想勘察情况，以治理水患的。杨头人自小生长于斯，可否助我一臂之力？"

杨磨大喜，抱拳道："郡守前日在郫邑祭祀望帝，回来的人都说您会给蜀郡带来福祉，今日一见，果不其然！郡守有何吩咐，杨磨无不听命！"

李冰高兴道："如此，李冰先行谢过了。我知道，蜀中洪水主要来自大江，故而有意想溯流而上，探查大江之源，看看究竟如何方能治理得了这条'孽龙'。不知头人可否带我前往？"

杨磨一听此言，有些犹豫地说道："郡守，此去山中大江上游，山高路险，野兽出没，并且又是多雨之时，山洪随时都可能下来。我们山中草民也就罢了，您贵为郡守，岂可以身犯险啊？"

李冰正要说话，门外侍从跑进来道："启禀郡守，二郎回来了！"说话间，二郎已匆匆赶了进来。

李冰喜出望外，道："二郎快起来！你回来得好快！我向大王请求的两件事如何？快快讲来！"

二郎站起身，擦了一把脸上的不知是汗水还是雨水，道："父亲的请求，大王都答应了，并命孩儿转告父亲，蜀中之事，不必事事请示，可便宜行事。"

李冰十分激动，以致于两手都有些微微发抖了，他眼里放射着光芒，问道："水工可曾带来？"

二郎答道："有两名水工及一名巧匠，正在门外等候。"

"快请！"李冰说着起身相迎。

三名工匠进来与李冰见过礼后，二郎指着左边四十多岁的中年人和他身后二十出头的年轻人介绍道:"这位是水工徐青,这位是其弟子郑衍。"又指着右边一位身着葛衣、脚穿草屦,手上满是老茧,一脸风霜之色的中年男子道:"这位是墨者唐姑果先生的弟子唐正。"

李冰大喜过望,一一与众人见礼,并请众人入座。

接着,李冰对王鈠、杨磨及众人道:"当下我们人手已经齐备,可以进行实地勘测了。我看咱们可分成两队,一队就辛苦王郡尉带领,由此东行,沿沱水进行勘测,看能否将江水引到成都,并探明如何把水分流,可否拓宽新都谷以泄洪。这是个极艰巨、极重要的任务,由徐青、唐正二位协助,诸位以为如何?"

大家点头道好。

李冰接着说:"另一队由我带领,请杨头人做向导,郑衍负责勘测,由此沿江水上行,目的是探查究竟如何才能控制江水进入平原的流量,以减轻、消除水患!"

此时,杨磨还是站出来道:"郡守,此时多

雨，洪水随时可能发生，溯江而上甚是危险。要不，就由我陪郑衍去吧。"大伙儿闻言，也都纷纷劝说。

李冰摆手道："既然杨磨兄弟等山中百姓可以此时出入，为何我就不能行走？我意已决，二郎与我同往。今天列位先好好休息，明日便启程！"大家闻言十分感动，也都不好再说什么。

第二天一早，众人稍作准备，两位水工及唐正带上各自的规矩、准绳、水平等工具，其他人准备了一些必需品，两队人各带了十余名随从，便分道扬镳，各自上路了。

单说李冰一行，由杨磨做向导，沿着大江东岸向上游进发。

刚离开都安西门，就闻听水声轰鸣，震耳欲聋。李冰等来至江边，只见连日大雨之后，江水已然暴涨，裹挟着泥沙石子、枯草败枝，由山中呼啸而下，浊浪滔天，冲击着岸边的山石，激起数丈高的浪花，声势威猛，摄人心魄。

李冰道："杨头人，这江水还会再涨高吗？下游是否已经受灾？"

"江水还会再涨，大人看左边那块山石，"杨磨指着往南不远处山体突入江中的一块巨石，"若江水没过此石，下游就可能要受灾了。"

李冰看时，见那块山石露出水面尚有七八尺，江水没过它似乎并非难事，深感此行任务之紧迫。他转身对郑衍说道："郑衍兄弟，咱们的任务是一路勘测江水的高程落差、水势大小、地形地貌，以便决定在何处、如何对江水进行分流、调控。你看从这里开始勘测、绘制地图如何？"

郑衍躬身答道："郡守，咱们就从刚才说的那块山石开始吧。"

说着，他从背着的一个宽约二尺、长三尺多的皮囊中取出水平、准绳等，在二郎和一位随从的帮助下，开始测量巨石处江水的高度、深度，江面的宽度等等。每测一次，都在绘制地图的绢帛上作了记录，同时命人把数据刻在所测路旁的大树或岩石上。

李冰看他测得仔细，很是高兴，一边帮他测量。就这样，他们一路测量，每行进一二百步，便测量一次，且行且测，在山谷中慢慢前进。

原来这大江两岸，山势略有不同，西山为邛莋山，山崖高耸，壁立万仞，直插云天；东岸的岷山，一则没有邛莋山之高，二则虽也不乏高峰，但由谷底到山顶的坡度较缓。这样一来，由东南来的水气受邛莋山之阻，便易形成降水；而人们进出大山，也多在东岸缓坡行走，久而久之也便形成了一条还算好走的通道。这条路原本是沟通陇、蜀的一条捷径，只因处于深山密林之中，且为氐、羌、冉、駹等蛮夷所占据，故而一直未为秦国所用。

杨磨经常由此进出大山，对道路环境十分熟悉，又加上他在山中各族中威望夙著，李冰等人不仅避免了道路上的危险，与各部族百姓也能和睦相处，故而除了跋涉之劳，倒也平安无虞。

不知不觉间，他们已经往山里行进了六七百里，虽值雨季，还是感觉水量明显变小了，水势也弱了许多。刚入山时，河面宽里许（约四百五十米），水深七八丈；此时不过三十步（约四十五米），水深不过丈余，再无下游骇人的声势。

杨磨对李冰说道："郡守，前面不远的城邑叫作湔（jiān）氐道（今四川松潘附近），由此再往前十余里，唤作白马岭，过了此岭，再行七八十里，便是相传山中各部族的起源之地了，那里一马平川，有的是清溪绿草，再无恶水险山。到了那边，也就到达大江的源头了。"

李冰道："太好了！哈哈，那咱们就到杨兄的祖籍去看一看！"众人听罢也提起了兴致，加快了脚步。

过了湔氐道，又走了十余里，果见前方有座大山，即便已是盛夏，山顶依然白雪皑皑，雪线之下是黑森森的高大冷杉，密匝匝裹在山腰。再往下，山坡缓处，则是一片片鲜绿的草甸，好似新织就的锦缎一般，微风过处，在阳光下闪着亮光；钻出草甸上面的，是红、黄、蓝、粉等各色花卉，引得大大小小的蝴蝶翩翩飞舞，真比锦缎上的刺绣还要艳丽百倍。

见此美景，众人不觉精神大振，神清气爽。

江水在白马岭处转了个弯儿，李冰等随水流左转，往前看时，却见两岸壁立，且崖壁上的山石层层如板，就如人工砌成一般，人行其下，好似进入一座巨大的门阙。从下往上看时，双崖高耸入云，巍峨之状，令人讶异。

众人正自感叹，杨磨道："此地叫做'天彭阙'，过此门阙，便是我等族人的故土了。"杨磨看向李冰，神色郑重地道："郡守，我族人过此，皆要祭拜，因为相传此阙乃我远离故土的族人亡魂返乡的大门，这也是把它叫做天彭阙的原因。恳请郡守允许我祭拜天彭阙。"

李冰正色道："头人说哪里话来？我不仅允许你行祭拜之礼，我还想于此门前专设一祠，我等一同祭拜，并供返乡的族胞行祭礼之用。你看如何？"

杨磨闻言，扑倒在地，对李冰行大礼，道："杨磨谢过郡守！杨磨这就命人到左近山中召集各部头人，前来为大人助祭！"

"如此甚好！我们祭拜天彭阙，各族的先人们必能保佑我等治水成功！"李冰激动地说。

这边杨磨派人分赴山中请各族头人，那边李冰已与郑衍、二郎等在天彭阙前选就一处较开阔的平地，并开始命人四处搜寻石料、砍伐木材，准备修筑祠堂。

三日以后，一切准备停当，各路头人及许多部族成员也陆续赶来，李冰按照他们的习俗进行祭祀。因自己不熟悉当地的祭祀礼仪，李冰请两位德望俱隆的头人主持。

仪式先是在天彭阙的崖壁上、祭祠周围及大江岸边插上五颜六色的绢布丝条，然后用柏枝、艾蒿、杜鹃树枝等准备了一个巨大的柴堆，上面放上黍、稷、麦、豆及时蔬鲜果等；接着举行迎神歌舞，并点燃柴堆，但不让柴燃烧，而是有十数人围着柴堆，一边手舞足蹈，口中念念有词，一边不停地往柴堆上洒水，柴堆顿时浓烟升腾。因为所用乃柏枝、艾蒿、杜鹃树枝等芳香浓郁的枝叶，所以烟雾中芬芳馥郁，升腾而上，以飨天彭阙之神灵。另外，族人们还杀羊百头以祭各族先人的亡灵，沉璧十双以祭祀江水之神，祈求祖先、江神与阙神一起保佑各族百姓风调雨顺、五谷丰登、人畜平安。

祭祀天彭阙不仅使李冰在山中蜀民的威望得以树立，也使各族百姓空前团结。最后，李冰对大伙儿说道："咱们大家共同生活在蜀郡，下游有水

人们准备了一个巨大的柴堆，祈求祖先、江神
与阙神一起保佑各族百姓。

患，咱们上游百姓的生计同样会受影响。今天在此祭祀阙神、江神和各族先人，我相信他们会护佑我们，把江水治理好，消弭水患，永世安澜！"大家都知道，新郡守是在为整个蜀郡子民谋福，纷纷表示愿为治水事业奉献力量。

仪式结束，送别了各族百姓，李冰一行继续往前。果如杨磨所言，过了天彭阙不久，便是一片十分宽阔的平川草原，极望处才是雪山。这里的江水已是极小的溪流。再无山谷中江水奔流的轰鸣声，再无两岸崖壁高耸、到处密林榛莽的逼仄。有的是奇花异草，馥郁芬芳；有的是溪水遍地，涓涓汩汩；有的是鸟鸣嘤嘤，草虫喓喓；有的是白云悠悠，牛羊成群。一片静谧，一派祥和。

李冰望着眼前的景致，不仅叹道："呀！这里真是天国啊！怪道族人们说天彭门内是天国呢，果然不虚！可大伙儿为何都离开天国，跑到大山里面去了呢？"

杨磨从旁道："大人试往四周观看，虽然这一片土地极美，但不远处便是雪山，地方狭小，容不得许多人口。更可悲的是，我等祖上在此居住时，放牧打猎，十分富足。却不知从哪里来的外族强盗，探知了此处，便飞马来袭。此地平川旷野，易攻难守，顿时血流成河。我祖上几乎灭族，无奈，此后只得搬入大山之中。后来的部族也是如此，于是天国便成空地，祖上老人们都说，天国是神灵的居所，不适合生人居住，所以那天彭阙便成为亡灵升天之路了。"

李冰不觉愤愤道："杀伐战乱，天国也会变成鬼国！百姓皆是天生地养，都有父母儿女，相杀相抢，又是为何呢！"众人听了也莫不面露怒色，握紧了拳头。

# 擘画蓝图

大江的源头已然探明，李冰带领众人开始往回走。一边走，李冰一边询问郑衍，从何处下手更容易遏制洪水。

郑衍拿出已经绘制好的地图，道："郡守请看，自距都安二百许里的汶山往上，水流皆不甚大，在汶山附近西岸有一支流汇入，江水始大，可见汶山以上是无足虑的。而自汶山下至都安的高差，以水平所测累加，竟达二百二十余丈（约合五百米）！二百里间高差如此之巨，无怪乎都安以上的水流会如此湍急了。如此湍急的水流欲加遏控，是无法做到的。"

李冰皱眉道："难道这水就无法治理了吗？"

郑衍道："郡守，我看治水之所，不在别处，就在都安。江水在都安西北白沙河汇入之前拐了个直角弯儿，故虽有白沙河汇入，水量增加很多，但水势反倒减缓了许多；再者，都安虽是江水出山之处，由此而进入平原，但主流南下，河道极宽，较少泛滥之虞，真正对成都等地构成水患威胁的，实为从都安别出东行之沱江。因此，若能控制沱水水量，大概水患就无忧了；而若能控制沱水水量，则有望使都安至成都之水运航道安澜无波，岂不一举两得？"

李冰点头认同，道："我们两队分工的目的，也在于此。沱水对江水的分洪反倒招来洪灾，其航运功能也大打折扣。现在的要害，一是如何控制江水进入沱水的水量，二是沱水在成都南北可否再分出一条或两条支流，以减轻洪水之压力。"

郑衍道："郡守所见极是。咱们不妨回到都安，与我师父一队汇合，然后商议一个万全之策。"

李冰等回到都安时，王鏴率领着徐青等人也在返回都安的路上，他们晚到了一天。

王鏴等一回都安，李冰见个个衣冠不整，一身疲惫，赶紧问王錣："诸位辛苦！看你们的样子，没出什么事吧？"

王錣道："郡守，你们这次进山平安归来真是太好了。我等虽疲惫已极，却不曾有伤亡。百姓可就惨了，成都以南，沱水满溢，平地水深过丈，百姓伤亡不计其数啊！"

李冰闻听大惊，忙问："如今大水可曾退去？"

王錣道："我等来时，水已小了许多，现在大概已经退了吧。好在徐青早有预见，在之前途径沱水流域时，就告诫当地官吏，若见沱水涨过某处，便命百姓尽快就近迁往高处躲避，就这样，死伤之众也是惨不忍睹啊！"说着，他身后众人几乎都流下泪来。

李冰咬牙恨道："可惜不能早些制住这孽龙！事已至此，诸位且先吃点东西，早些休息，咱们明日商量对策。"

一夜过后，大伙儿精神恢复了不少。

李冰召集众人前来，先对王錣说道："郡尉，既然百姓受灾严重，这会儿定然正在忍饥挨饿，少不得还得辛苦你一趟。好在前几年略无水患，各地丰收，存下来不少粮食。你可调集人手，郡中驻守官兵尽可差遣，火速从成都、郫邑等地粮仓调配粮食，赈济灾民。待洪水退去，尽快搭建房屋，妥为安置，此事还请唐正先生相助。"

又转头对二郎道："我儿可协助王郡尉赈灾安民，有何困难，及时来报。"

王锬、唐正、二郎皆领命而去。

李冰接着对徐青道："徐公，我与郑衍勘测了都安以上的江水情况，现在想听听你对沱水及平原地带勘查的看法。"

徐青道："徐青正欲向大人禀报。我与王郡尉、唐正等沿沱水往东南走，一直行至江阳，即沱水再次汇入大江之处，然后再沿绵水、洛水相汇后北上流往沱水的北江，过新都谷，自成都、郫邑迤北往都安返回，半路得知南部沱水暴涨，谁知等我们赶去，沱水已漫溢成灾。"

徐青简单介绍完他们的行程，接着说："据我等勘测，这成都平原也存在较大高差。整个平原如一巨扇，都安乃扇面把柄处，最高，东南江阳最低；而都安至郫邑、成都一线，则宛如扇面中间凸起之扇骨，略高于两侧，二城建于高处，不易受灾，大概正是古人选址于此的原因吧。这扇骨便隐然成为南北之分水岭，北侧之洛水、绵水流出岷山之后，于平原之地皆漫流为十余小支，极为混乱，但最终又都汇入新都谷而成北江；扇骨南侧则主要是沱水。"

李冰听罢，略带沉思地问道："那么依徐公之见，平原洪灾如何治理呢？"

徐青道："据在下所见，这扇骨以南，主要是沱水为灾，扇骨以北，则主要是洛水、绵水为灾。二者之中，又以沱水为重，因沱水来自江水，每年流量较为稳定，水患虽非每年都有，但发生频率较高、可能性较大；而绵水、洛水降雨量较江水流域小，且不甚均衡，故而发生洪灾不如南部频繁，然而如若发生，后果也十分严重。"

说着，徐青从怀中取出一卷锦帛，展开，原来是徐青根据勘测绘制的河道线路图。根据勘测，他设计了三条河道，北部一条，由都安分出之后略东北行，然后东南直走新都谷口，以汇集北部散漫之大小河流；中间一条经郫邑北，然后南过成都，与南支相汇，这中间再利用一段原沱水故道，东分一支走新都谷口以利分洪；南支则东南行，经郫邑南直走成都，与中支在成都汇合后南下，稍西行，后于武阳（属今四川眉山市）重新汇入大江。三条河道中，南支最大，是分洪主力；北支亦不小，主要是为了汇纳北部诸河；中间较小，且再分流，以免造成对成都之威胁。

李冰听了徐青的介绍，想了想，道："这个设计甚好。如此，北支以其源出湔氐，可名湔江；中支流经郫邑，可名郫江；南支嘛，就叫检江吧，但愿它能检束洪水，使之不再泛滥。另外，河道定要挖得足够深阔，一来能容纳足够多的洪水，二来可以行舟，有余则可溉田。这样，有两条江流经成都，成都航运便可上至都安，下由武阳入大江，很是方便了。"

"然而，"李冰略显忧虑地说道，"这平原河道的规划还不是很难，关键恐怕还在如何控制进入平原的水量。"

徐青点了点头，道："大人所见极是，在下也以为治水关键在于如何从都安发源处控制其水量，至于北部水患能否根除，还须从新都谷口解决问题，即凿宽新都谷口，这可绝非易事了。"

李冰听了，心中总算稍稍踏实一些，道："徐公所言，与郑衍不谋而合。我们也以为应从都安入手治理沱水。不如我等现在就去江边，就地参酌，看如何治理才是上上之策。"

众人来至江边，这次目标已较明确，齐齐看向沱水别流之处。

看罢多时，李冰道："徐公，我有个想法，提出来供诸位参酌。诸位请看，江水自上游驰下，本是偏向左岸，而流至这虎头岩处受阻，故折而向西，于西岸激荡而回，之后便涌入沱水水道。如此三折之后，水流方向正对沱水河道，尤其山洪下来之时，水流越急，越易冲入沱水，这就难怪沱水易发洪灾了。"

徐青笑道："郡守高见！因此，治水之关键便是在虎头岩前后，如何减少江水反复激荡的走势，否则难以遏制进入沱江的水量。然而这虎头岩……"

徐青一言及此，不禁迟疑不语。原来这虎头岩乃是都安西北玉垒山南端的一个小尾巴，突入江中百余丈，高可二十余丈，宛如猛虎下山来饮江水，故名。正因这虎头岩的阻碍，江水才不得不右折，又转而冲向左边的沱水水道。

李冰灵光一闪，道："若能斩断这'虎头'，开凿一座如天彭阙一样的水门，逼迫江水由此门流入沱水，则水量可控，水患可除矣！"

徐青摇头道："郡守，您说得虽然非常合理，可这是一座山，凿开，谈何容易啊！"徐青又望了一眼这虽不算如何高大的山体，更坚定地摇着头道："郡守大人，这种岩石十分坚硬，要凿穿几乎是不可能的。"

李冰刚想张口说话，杨磨闪身来至虎头岩前，摸着坚硬的石头，道："我看凿穿这小山固然不易，倒也并非全不可能。"

李冰闻言大喜，道："哦？！你有何办法？快说说看！"

杨磨转身冲大伙儿道："我们山里人时常外出打猎，经日不归。记得我十四五岁时，有一次跟随父亲到山中打猎，天晚了便在山中过夜，在一个石头窝里点了一堆干柴烤一只野鸡，准备当晚餐。谁知突降大雨，鸡没烤成，我们倒成了落汤鸡，火也浇灭了。气得我一脚把柴堆踢飞，还不解气，便顺手举起一块大石头冲石窝砸下，不料砸得碎石纷飞，一块小石头崩在我腿上，顿时鲜血直流，后来还留下来一个小疤。"

说着，杨磨挽起裤腿，指着小腿上的一个小月牙似的疤痕给大家看。杨磨接着说道："我忍着疼痛，有点不敢相信，一块石头如何便有如此威力？定睛看时，见石窝中烧柴之处的石头被砸下来一层。大概烧过的石头再经水一激，已然变脆，轻轻一砸，便粉碎了。因为自己受过伤，故而我对此事记忆犹新。我想，若用此法，我们齐心协力，凿开这小山也许是有希望的。"

听到这里，李冰心中甚是激动，击掌赞道："好！甚好！"

徐青道："确是个好主意，咱们这就试试如何？"

众人齐声道好，于是攀上虎头岩的颈部，选了一处卧席大小、较为光洁的裸露出石头的所在，杨

杨磨转身摸起一块拳头大的石头，用力朝炸裂
的石面砸去。

磨命人捡来一堆柴草，用火镰点着。

柴堆一边烧，杨磨命人一边往上加柴，并把灰烬挑起，以便火能烧到石头。约莫烧了半个时辰，杨磨便令一名手下迅速用木棒挑开火堆，另两名手下每人举起早已准备好的一大桶水泼在了火烧过的石头上，"嗞……"，顿时白烟腾起，似乎伴随着石头炸裂的声音。过了一会儿，烟雾散开，杨磨等人走近看时，见石面上已遍布或粗或细的裂纹。杨磨转身摸起一块拳头大的石头，用力朝炸裂的石面砸去，只听"砰！"一声响，碎石飞溅，便砸出一个小坑来。

众人见了，莫不大笑道："杨兄真神力也！""真是太好了！"

李冰当即说道："如此一来，凿断虎头，便可降服孽龙了！这虽非一日之功，但已不是不可行之事。杨兄应记首功啊！"顿了一顿，李冰接着道："眼下已近秋收，入冬水少，便可动工了。"

此事解决，虽尚未开工，但已算是成功了一半，众人莫不喜形于色。尤其是李冰，夜来高兴得久久未能入睡，一会儿想届时如何调配人力，一会儿又想在成都南北怎样疏浚河道、开挖沟渠，直到耳畔响起鸡叫声，这才沉沉睡去。

接下来的几天，李冰先是与徐青、杨磨等划定了虎头岩需要开凿的位置，便嘱托杨磨招募壮丁，运用火烧水浇之法，开始动工了。


为了更好地治理水患，李冰召集王鏚、徐青、唐正、杨磨、郑衍等，并命人把大江沿岸的武阳、南安（今四川东山）、僰道等县县令招至成都，一起商讨蜀郡治水事宜。

众人聚齐坐定之后，李冰命人端来茶水，献上新摘的芦橘（枇杷）。一边吃橘品茗，李冰一边说道："此次召集诸位前来，主要是商讨治水之事。一是想告知诸位，自去岁至今冰上任一年来所做之事；二是想听听诸位对治水之事可有什么建议。"接着，李冰便把上任以来祭祀望帝、天彭阙并设立江水神祠、蜀山神祠等抚慰蜀民之事，以及勘测大江、沱水并开挖河道，壅江作堋（péng）、凿断虎头等治水事宜一一向众人介绍了一遍。

介绍之后，李冰道："蜀郡乃福地，膏壤千

里，物产之富，天下少有。此地江水之外，河湖遍布，水善利万物，这是蜀民之福；然而水火无情，洪水泛滥也极易成为莫大的灾难。一年以来，我们尽力开山凿石、疏浚河道，但距离治水成功尚远。眼下雨季即将到来，务请诸位早做准备，万万不可出现去岁洪水泛滥、夺人性命的灾难。此外，还请诸位各自谈谈，可有治水良策，或者各自治下所在县域有何隐患。咱们群策群力，定要将郡内水患根除！"

众人闻言，莫不倍受感动。武阳令宣彪当即发话道："郡守大人，遏制水患仅仅是治水之始，大人设计的三分沱水之法确实高明，二水走成都，亦可带来航运之便。然而下官以为，治水还有一个更大的好处。"

众人闻言莫不倾耳以听，李冰也道："我等愿闻其详。"

宣彪道："大人也提及，这些河道在航运之余，可以溉田。然而下官以为，旱时灌溉，涝时排洪，正是这些河道最大之用途。目下列国纷争，天下未一，国家亟需储备战争物资，运兵运粮，修筑城墙宫殿，当然离不开航运。但是，所有这些，更离不开五谷丰登，百姓富足。所以，下官提议，可在原开挖河道的基础上，再挖若干支渠，以利百姓旱时灌溉，涝时排水；此外，在河道旁可开挖若干湖塘，则可起到雨季蓄水，旱季供水之目的。"

李冰赞道："此议甚好！这才是民之父母啊！请诸位畅所欲言。"

南安县令岑芒道："大人，南安乃三江交汇之地，江水至此，又有沫水（今青衣江）汇入渽水（今大渡河），然后并入大江。沫水、渽水水量极大，尤其渽水，比江水犹有过之。三江汇合之后，奔涌而南，因山势所逼，再渐渐向东转去。由此而东，水势虽大，却被限定于高山峡谷之中，江水倒也不易泛滥。故而本地江水虽盛，水患倒是无足忧虑。只是这航道，三江汇合处有雷垣、盐溉、县溉等处，岩石横阻江水，水急浪高之时，过往船只常有触礁沉没之虞。"

僰道令祁商也道："岑大人所说极是。江水虽说对平原一带有水患之虞，而其航运之利则是更重要的，何况还有灌溉之益。当年司马错、张若诸将军攻打楚国，所需军粮等也都是靠了大江的航运。

而这大江上除南安外，还有一处凶险难行处。大江由南安向东南行近三百里，便转而流向正东，这转弯处即僰道。僰道江滩之中，山石暗礁不少，水流变急，舟船至此常有触礁覆没者。"

李冰听罢，点头道："两位所言，对治水皆大有裨益。舟船覆没，岂不也是重大水患吗？这些水患如何治理，容我等慢慢参酌。待北方各处布置停当，我将与徐青、唐正等前往查勘，看究竟如何处置。"

会议结束之后，李冰便总结了一下一年来蜀郡的情况，给昭王写了封信，命二郎送往咸阳汇报。

# 壅江作堋

　　徐青曾为李冰讲解了壅江作堋（即挡水、引水的堰、坝）之法，以为可顺虎头岩所凿水口筑一道长堋，以起到引水、束水之功。但因秋雨尚多，秋收已在眼前，故而只能待到冬季来临，江水减落之后再行壅江作堋了。

　　转眼之间，秋收已近尾声。李冰与王鏚商议，开始派人招募壮丁，准备壅江作堋之事。

　　然而尚未开工，大伙儿便遇到了难处：于江中筑堋，江水湍急，普通土石似难以筑成，开凿巨石又运送艰难。议论了几日，依旧未能想出较好的解决办法。

　　这一日，李冰携同唐正，带了二郎，到都安城郊巡游，一面排解连日来商讨无果的苦闷，一面也可了解了解百姓的生活。

　　一路上，只见百姓遍布田间，正在抢收秋粮。秋风阵阵，荷稻飘香。荷塘片片，有人正在踩藕，整个人站在荷塘中，水深及胸，用脚去踩踏淤泥下面的莲藕，莲藕折断，翘出淤泥，便可取出了；还有人在甩网捕鱼，这一带的荷塘中往往同时养鱼，如今正是鱼肉膘肥的时候，一网下去，百数十斤活蹦乱跳的鱼儿便可拖上岸来，渔夫脸上简直乐开了花。道路右边较多稻田，有的已然收割完毕，有的正在收割。

　　过了一道土岗，前面的路便与沱水并行了。李冰决定绕道沱水南岸，看看受灾百姓的生活如今恢复得如何。

　　时间虽然仅仅过去两个多月，这里已经完全没有了水灾的痕迹。由于水灾发生后时令已晚，百姓无法再种粮食，只得种了些蔬菜，除了王錣命人给百姓发放的赈灾粮，山丘林莽间有不少板栗、核桃等，如今也已成熟，人们采集来以补粮食之不足，勉强度日，倒也不至有饿冻之忧。看了这些，李冰心中总算踏实了不少。

行至晌午，众人觉得有些饥饿，便寻了路边一处水塘边，于岸上坐了，取出随身带的一点干粮，权且充饥。

吃着干粮，李冰忽见水塘北边有两个青壮男子，正在摆弄着什么，还有四人正在用竹筐从不远处的河岸边往两位男子处抬着什么。

李冰好奇，走近了看时，见四人抬了两筐石头，有大有小，光滑溜圆，显然是从河滩上取的鹅卵石；水塘边两位男子则在摆放他们抬来的石头。奇怪的是，他们是在往一个竹编的大长笼子里放这些石头，只见这竹笼长过两丈，横放在地上，足有半人多高。

李冰走近，高声问道："请问两位仁兄，你们把石头放在这竹笼里，这是要干什么？"

东首年龄较大的那位男子抬头看了一眼李冰，笑着说道："先生有所不知，前些时沱水泛滥，把我这鱼塘冲毁了，小鱼也没剩半条。我等在这水塘北岸修筑一道石珊，由此斜行，东南方不远处便是一条水沟。但愿若再发水时，我这石珊能起些作用，把水引至那条水沟，不至塘毁鱼亡。"

李冰见他们把卵石塞入竹笼，虽竹笼孔眼要大于每块石头，然而在大小石块的相互挤压下，倒也十分牢固，卵石竟然不会滚出来。几道竹笼交错排列，搭好一层，便在上面再搭一层；搭建好了，往上面撒上几筐碎石砂土，有缝隙之处便被填实了。

李冰看罢，不禁拍手大赞："妙啊！简直妙极！"

这时，二郎等人也已站在李冰身后，唐正笑呵呵地道："恭喜郡守！这都安壅江作堋的法子，就是它了！"众人高兴地齐声大笑起来。


随着秋收结束，江水也已回落了许多。李冰派人赴各地招募民众，开始准备壅江作堋了。

人手已经齐备，李冰便招来郑衍，问道："郑兄以为，这堋应如何修筑？"

郑衍道："郡守大人，我师父曾带我多次勘查江流，以为此堋宜长不宜短，可于白沙河口以东里许便开始修筑，一直修至虎头岩下，长可三里半许；而在近虎头岩处，可使堋略低，遇有洪水，使之溢往外江。"

"师父还说，导水石堋须在内江部分略往里凸，即造成入口略宽、内里略窄的喇叭口型，如是方可保证进水量。"郑衍想了想，又补充道。

李冰道："好。看来你们都已考虑得比较周全，此事就由你来负责吧。可绘一幅图，必要时便于交流。"

于是壅江作堋的工作在郑衍指挥下便正式展开了。郑衍先命人用粗可四围的六根柏木扎成两个三角支架——杩槎，两杩槎之间以八九根横梁相连，纵向再铺设木杆子，外层铺上篱笆、竹席，两个杩槎中间再以竹笼装石压住，放入大江，便可截流了。截流之后，迅速在杩槎一侧以竹笼卵石修砌石堋，随着石堋加长，便修出一条无水的通道。杩槎便是壅江截水的简便闸门，就地取材，快捷易行。

有了杩槎，加上竹笼卵石之法，壅江作堋的工程进展很是顺利，不到年底，一道三里多长的石堋便筑成了。头部宽丈余，中身宽可十数丈，边缘砌以竹笼卵石，内部实以砂石，上砌龟背海漫石三层，十分坚固。整条石堋宛如象鼻直插江心，故以"象鼻"为名。

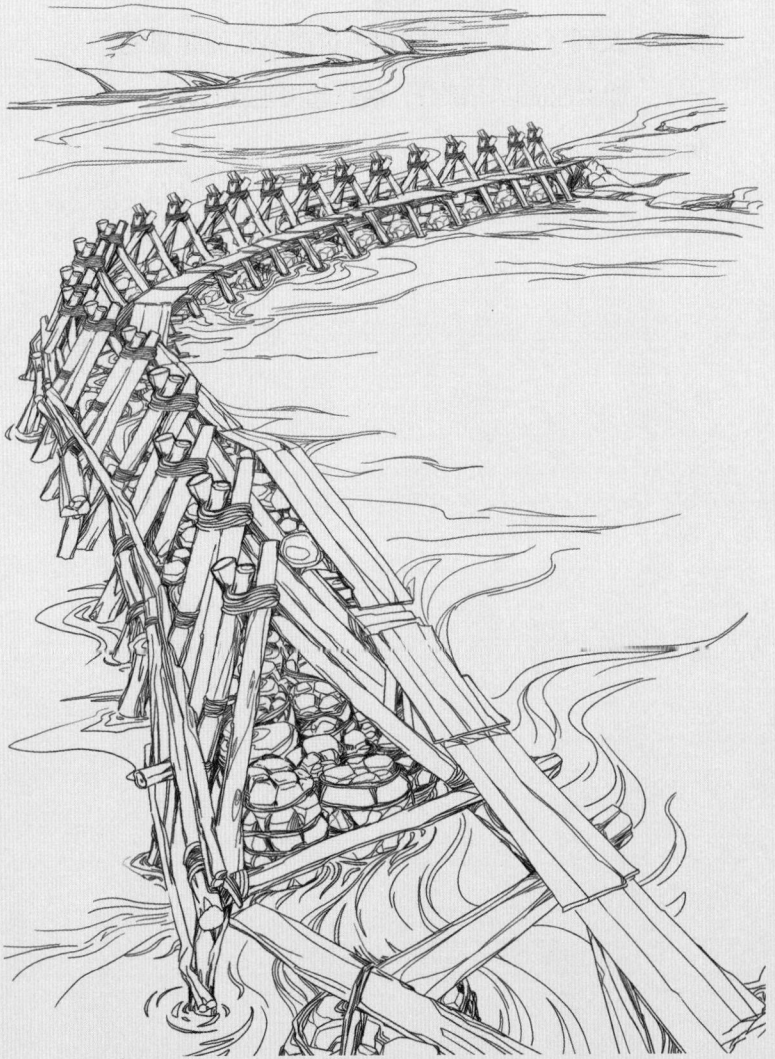

杩槎中间再以竹笼装石压住，放入大江，便可
截流了。

相较而言，开凿虎头岩的进度就慢多了，冬去春来，又到了农忙时节，也不过凿至江面距离的一半，加上江面以下部分，估算起来也就五分之一而已。

# 洛水难驯

　　都安的工事大体有了眉目之后，李冰觉得当务之急，还是先去洛水、绵水勘查一番。于是带了徐青、唐正，匆匆赶往离成都较近的洛水。

　　洛水、绵水皆源自岷山，洛水在西，绵水在东，两条大江出得大山，因高差较大之故，进入平原之后奔涌之势一时无法遏止，皆漫溢横流，分成十数支小河，然而最终还是汇往尾闾新都谷口。

　　李冰等来至洛水的出山口，名唤瀑口（今高景关），此地山中也多是冉、骁、羌、氐之民，平原蜀民则无不择高地居住，就因洛水流出后常常泛滥为灾。李冰决定，趁眼下暴雨时节尚未来临，深入山中探查水情。于是找来当地一位山民，唤作朱启，作为向导，一行人便由瀑口进入山中，朝洛水上游行进。

瀑口东面也是一座高山，高耸入云，山顶常有云雾缭绕不散，氤氲如盖，故名"云盖山"。两山相对如门阙，酷似天彭阙。然而与天彭阙不同的是，往里走时，只觉得这两山之间实为一狭长之山谷，且谷道曲回崎岖，中间巨石堆积，山岩崚嶒；而洛水水势极猛，加之由山中进入平原，高差较大，故而声势骇人，浪花飞溅，人行其中，仅能贴着崖壁，缓缓前行。

一边前行，朱启一边对李冰说道："郡守大人，洛水、绵水皆源于这九顶山，因这一片大山共有九座高峰。您再看这洛水出口，狭长曲回，把水束在这一孔道之中，暴雨降时，怒水奔腾，左冲右突，势所难挡，故而时常冲决田宅，毁坏屋舍，人畜死亡也是难免的。"

李冰道："是了。这出口通道必须疏凿，而在出口外又须设法减弱水势、疏导水流，否则很难管束住这股水势。"

出了这峡谷，再往前走，山势渐渐雄奇，林木繁茂，杜鹃红遍山野，云雾飘乎如流瀑，变幻无穷，水仍旧较为湍急，但已十分清澈。

朱启指了指右方一座高不见顶的大山道："大人请看，那是章山，是我们族人的宝山，山上各种珍奇花木鸟兽，数之不尽。往前不远处便是三河口了，洛水先是汇合了章水，在三河口又汇入两条小一点的河流，才变得如此声势。"

过了三河口不远，前面的水便分为两支，左为洛水，右是章水。沿洛水又走了半天，见水势越发小了，李冰便道："看来这洛水远不及江水源远流长，不必再往前行了，咱们往回走吧。"

李冰一边往回走，一边对唐正、徐青道："这洛水固然声势骇人，然而论水量，还是远较江水小得多；大概是因为洛水流域面积较小，所汇集之水量自然有限。因此，治理此水，关键在于疏凿山中水道，便可减弱出山水势；再者，则是设法阻遏出山后的水势，疏导水流，想来便可无患矣。"

唐正道："大人所见甚是，然而这疏凿水道，工程量亦复不小。依在下之见，这山谷河道中巨石众多，是难以挪动的；加上崖岸左右怪石参差，致使河水左冲右突，亦须凿下。我以为这些石头皆凿碎凿小即可，不必运出，河水势大，早晚便会把小石冲出，便可省了搬运之功。"

李冰拍手道："徐兄这个主意真是妙极！"

唐正笑道："郡守大人见笑了。再者，洛水出瀑口，由高就低，其势甚猛，可挖一深潭以减其势，筑两道珊堰以分其流。如此，便可消除洛水肆虐之威。"

徐青也道："郡守大人、唐兄，还有一事，也须虑及。听当地人说来，这洛水、绵水之害，其实主要是在暴雨之时，唐兄所说分流之法固然很好，但在下以为还不够。既然洛水流出平原之后漫流为十数条小河，那么咱们不妨就势疏浚，把这些小河加深开宽，使之成为灌溉良田之沟渠，如此岂不是两全其美吗？"

李冰、唐正齐齐赞道："妙啊！徐兄果然高见！"

说来容易，然而干起来却非一日之功了。何况眼下也只能先行勘查，若要施工，只能等雨季过后了。

李冰一行又赴绵水出山之处紫岩山勘查了一番，发现绵水虽较洛水为长，然而地形地势反不如洛水复杂，治理起来也会较为省工。李冰探查的，还有更为关键的新都谷口，这是一个狭长崎岖的峡谷，若想凿宽，工程量之大，不亚于都安虎头岩。

随着雨季的到来，治水工作只能暂停，然而对于平原区的防洪，李冰还是好好布置了一番。他命人把各地已经开掘的河道、沟渠，凡可利用者皆与原有江河连通，已起到分洪目的；此外，派人到各地推广竹笼卵石筑埂之法，在各易于被洪水冲决之处筑起石埂，以作预防。

这些预防工作显然是必要的，今夏的雨特别大，但只有个别地方发生了轻微的涝灾，并未出现去年那样严重的灾难，这让李冰心里踏实了许多。

秋季一到，李冰便命各地开始招募民众，有条件动工的就开始着手了。都安虎头岩已经凿开大约一半，这是喜人的形势，而且这儿的经验，瀑口、新都谷口凿通开宽，乃至南安、僰道江滩礁石的凿除，都是可以借鉴的。

这天，李冰吩咐人去请示王錣，问招募到多少民众，洛水那边是否可以动工？

李冰接着对徐青道："徐兄，若瀑口处各项事务安排妥当，我想去南安、僰道看看，届时请徐兄一同前往吧。"

徐青拱手道："徐青谨遵大人吩咐。"

很快，派去王鈇处的侍从回来禀报道："禀郡守大人，王鈇大人说，现今已招募壮丁近两千人，可以先动工；后面他会尽快募集更多民众，请大人放心。"

李冰道："太好了！你去告诉王郡尉，请应募的百姓准备好，明天我们就赶赴瀑口。"

瀑口的疏凿比想象的还要困难，主要是这里需要疏凿的峡谷长达数里，有的巨石高达数丈，又深陷江心，极难着手；有的突出崖壁，不仅阻碍水道，也有碍通行，纵有数千人，也难以尽数参与。

因此，李冰命五百余人进入峡谷疏凿水道，同时命余人在瀑口外修筑石珊，这样便可齐头并进，人尽其用。

都安的经验的确发挥了作用，不几日，瀑口各项工作就比较顺利地开展起来了。

然而，天有不测风云。这一日，李冰见瀑口之事虽非一日之工，但既已安排就绪，便想连同绵水一起疏通治理，否则北部水患还是无法消除。念及此，李冰望了一眼屋外阴沉的天色，正准备派人去问问王錣已招募到多少民众，突然有人慌慌张张跑了进来，气喘吁吁地喊道：“报告大人！不好了！不好了！洛水上游突降暴雨，山洪下来，把咱们刚刚修筑的石堋冲毁不说，谷中凿山的壮丁，被冲走了数十位啊！”

李冰闻言大惊，急声问道：“其他人等可都安好?！大水流往何处？快去通知百姓，避难要紧！”他的声音甚至有些发颤。

定了定神，李冰迈步走出房间，带人前往瀑口工地查看。因为这一带时常有洪水之灾，故而房屋皆建于高塽之地，但出门没走几步，就见眼前汪洋一片，浩浩汤汤，波涛滚滚，漫无涯际，早已辨不清原来的道路何在。

李冰顿足道：“原来只听人讲洛水、绵水常会突发山洪，眼见已是深秋，谁知也会突降暴雨！真是孽龙难驯啊！”

好在秋天的暴雨没有持续多久，山洪来得快，去得也快，第二天洪水便退了下去。李冰命人抓紧打扫遍地的碎石草木，并尽可能寻找被大水冲走的民众，派人对死伤民众进行抚慰，发放钱粮等等。

王锲也已听闻此事，近午时分，带了一队留守的军士赶了过来，立刻投入到了灾后的清理救援事务。

李冰见了王锲，道："王郡尉来得及时，昨日我正欲派人前往询问，如今招募到多少民众？绵水、新都谷口的治理是否可以开始了？"

王锲道："郡守大人切莫心急，现下正是秋忙收尾的关节，而且也时有降雨，这次的暴雨虽说突然，但在平时也是常事。依在下之见，莫如暂停谷中疏凿，先在瀑口外挖潭、筑珊，待得雨季确已过去，秋收结束，再行疏凿不迟。"

李冰叹道："哎！王郡尉所言极是，我是操之过急了。有此教训，都安那边也须有所防范，王兄可便差人前往，告诉杨磨，派人到大江上游湔氏道一带蹲守，若有雨情，火速告知下游，好作预防。"

王锲应道："是！"

这样一来，绵水、洛水及新都谷的疏凿便推迟了月余。一个月之后，各项工作还是很顺利地展开了。有惩于洪水之害，百姓治水的积极性极高，不仅青壮年踊跃应募，就连老人、瓜娃，家中闲时也赶来帮忙担土搬石，各个工地上热火朝天，一派忙碌，大伙儿说说笑笑，好不热闹。

# 治理雷堆

　　绵、洛二水的治理进展顺利，李冰便开始计划治理南安、僰道的江水通道了。由成都南行，经武阳、犍为，约莫五百余里，便是南安了。南安乃三江交汇之处，在古蜀国时为丹、犁国地，沫水流域则为青衣国，族属也极为错杂。秦灭蜀后，迁来不少秦人，遂设县而治。

　　李冰请徐青随同自己前往南安，二人到得县府，已是晌午，南安令岑芒赶紧迎入府内。分宾主落座后，岑芒命人奉上一盏清茶，李冰一闻，香气扑鼻，很是受用。

　　岑芒又让人用竹编的豆献上一豆青绿长圆的小果，鸡子般大小，表面有一层细细的茸毛，甚是喜人。岑芒道："大人，此乃本地山间所生一种野果，当地百姓唤它作'毛梨'（即猕猴桃），酸甜可口。南安荒僻，没什么可奉献的，这点野果也算特产，请大人品尝。"

李冰取过一个，捏在手中，只觉有些软软的，轻轻剥掉皮，尝了一口，果然清凉甘甜、爽口多汁，赞道："真是极品佳果！"

略略吃了口饭，李冰便道："请岑令带我等到江上吧，看看雷垣等处究竟如何凶险。"

岑芒道："郡守大人刚到，是不是先休整一日？雷垣等距此较远，骑马也须一个多时辰，明日再去不迟啊。"

李冰道："尽早去察看一下，也好商议个对策，尽早治理啊。既然远，那就骑马去吧。"

岑芒道："既然郡守不辞辛劳，我这就带郡守大人前往。请随我来。"

岑芒领着李冰、徐青等人，离了县府，沿江水策马往上游走。约莫走了一个时辰，只见前方路狭山险，山风在峡谷中鼓荡呼啸，与平原地带的温湿气候颇不相同，李冰不禁裹了裹衣服。

此时江面受峡谷约束，变得较为狭窄，而江水在两面山崖的束缚下变得更急了，江水击打着滩边的大小岩石，浪花飞溅，水面泛白，滚滚南下。

岑芒指着前面江水拐弯处，提高了嗓门冲李冰道："郡守大人，这里是龙泉山脉最南端，大江穿山而过。此处江滩多石，水面白浪如盐，故名'盐溉'。此处江流转弯，崖壁上却有岩层横突江中，大小船只经过此处，极易触岩，或者偏离江心，至浅滩触礁，十分凶险呐！"

李冰道："此处水道屈曲，山岩峻嶒，果是险峻。看来只能凿岩挖滩了，亦非一日之功啊！"

"郡守大人，前方还有两处，亦是险滩，一是县溉，一即雷垣，咱们继续前行吧！"岑芒说着，策马头前带路，一行人一字排开，继续沿江下行。

江水在此处山间屈曲回环，岸上的狭路仅容一人通行，高低不平，左右草木纵横，怪石突兀，极为难行。

行了数里，左岸有一处险滩，就是所说的县溉了，比起方才的盐溉，倒还算平易。

再行数里，就感觉水声之大，犹如巨雷滚滚，

岑芒指着前面江水拐弯处说："此处十分凶
险呐！"

不绝于耳，转过一道山岩，只见山谷更为狭窄，右岸一段山崖宛如一道大墙横突江中，江水奔腾，冲击其上，发出巨雷般的声音，直震得几匹马连连嘶吼。

李冰想，看来这便是雷垣了。李冰看向岑芒，见他以鞭指向那处如巨垣的山崖，口中似乎说着什么，但听不到任何声音，李冰只好笑着点点头。众人在此查看一番，岑芒打手势请大伙儿往回走，于是众人拨转马头，原路返回。

众人回至县府，已是掌灯时分。李冰与徐青、岑芒商议道："此地三处险滩，尤其是雷垣一处，谷狭水猛，要想如它处一般壅断大江，使之露出水面进而开凿，委实难以做到。两位有何高见？"

徐青道："大人，这雷垣如此狭险，若要开凿，只能在一年中水量最小的几天，以杩槎逼开江水进而施凿。"

"也只能如徐兄所言了。"李冰点头道，"岑令，你即刻便可招募百姓，眼见就是冬天了，过不得个把月便可动工。此地施工条件差，施工期短，要完全凿通，没有三年五载怕是难以做到。"

岑芒忙道："明日即张贴募民榜文。只是我对这治水凿山之事一窍不通，还须请郡守大人和徐兄加以督导。"

徐青道："岑令放心，此事不难，咱们大伙儿齐心合力，不几天您也就成为行家里手了。"

岑芒笑道："哈哈！少不得请徐兄多多指教！"

在南安住了三日，李冰又让岑芒领着去雷垣看了两次，与徐青商定了详细的开凿方案，这才放心。

李冰等人歇了一夜，第二天便又匆匆赶回南安，待得回到南安，又是六七日已过，岑芒已经募集到两千余名壮丁，众人听说郡守要为南安凿通山谷，扫除险滩，莫不摩拳擦掌、跃跃欲试。

李冰与徐青、岑芒率领众人赶至雷垣。徐青先命人于雷垣上游十数步较为宽阔的两岸之间架起两道粗粗的绳索；然后命人把事先做好的四个巨型杩槎以大绳穿过铁环挂在架起的绳索上，以绳牵引，慢慢移至江心；再派八名身法灵巧且善识水性者爬至悬挂杩槎之处，先调整好杩槎的角度，以便落下时与江流保持一定斜度，便可最大限度卸掉江水冲击之力；最后八人同时举刀，一刀斩断挂绳。

只听砰訇声响，四个巨大的杩槎同时落入江中。四个杩槎晃了几晃，有一个瞬间便被冲倒了，最后还是有三个稳稳地立在了江中。

见一试便成功了，李冰、徐青十分高兴，如法炮制，又落下去十余个巨型杩槎，方才把江水逼开。

壅江既已成功，凿掉雷垣这块巨石虽说不易，究竟比都安、瀑口还是要容易些。其他两处险滩，也已不是难事。

# 蜀王兵阑

南安雷垣治好之后，李冰心中惦记的，就是僰道了。这天天一亮，李冰照例早早起来，用罢早餐，问岑芒道："岑令，由此前往僰道路程多少？须走几日？"

岑芒答道："郡守大人，此去僰道大约五百里，多山路，少则十日，多则十五日吧。"

李冰道："若走水路呢？顺江而下，是否会快些？"

岑芒道："走水路的话，不过三日便可到达。"

"好！徐兄，咱们即刻启程，走水路，去看看僰道的险滩如何？"李冰有些兴奋地对徐青道。

徐青答道："大人此议甚好。咱们到僰道查勘完毕，再由水路返回南安，逆流而上就算慢些，半个月内也可回来了。届时岑令招募民众已毕，就可开工啦！"

李冰道："好！事不宜迟，那就烦请岑令，给我们找两位好船夫，送我等去樊道吧。"

岑芒为他们挑选了两位最有经验的壮年船工，并配了四名好水手，选了一艘可乘数十人的不大不小的船，李冰一行便登船启航了。

小船在大江之上顺风而行，快逾奔马，只听得耳边呼呼风响，两岸青山不住地退往身后。空中常有鹰隼盘旋，而岸上密林之中猿声哀啼，声闻数里。

感觉小船一直在往东南行驶，第三天刚走了大约一个半时辰，一位船工指着远处对李冰道："大人看那前方左岸有座城池，便是樊道了。"

李冰纵目望去，果见左前方十数里外有座城池。眨眼间，船已到樊道城边，靠了岸，众人下得船来，进城去找樊道县令祁商。

见了祁商，李冰笑道："前日一别已是数月，祁令一向可好？"

祁商忙施礼道："托大人的福，下官很好。没想到大人官务繁忙，这么快就来到我这偏僻的僰道小邑，真是僰道百姓之福啊！"

李冰开门见山道："现在时间尚早，祁令可否即刻带我等去查勘一下僰道的险滩？"

祁商道："大人一路劳累，是不是先进鄙府歇息一天，然后再去？"

李冰道："不必了。我等由打南安乘船至此，一路飞驰而下，不觉劳累。咱们早去早回，凡事也好早作打算呐！"

祁商忙道："好！那就辛苦大人了，在下为您带路。"

众人随祁商沿江往下游走。大约走了里许，转过一个小山，祁商指着对岸道："郡守大人，对面汇入的那条江是泸水，水量不比江水小，二江在此相汇，水量增倍，往前水面更宽、水势更急了。"

李冰道："如此，前面水也应更深才是，水深利于航行，然则险滩何在？"

祁商道："郡守大人有所不知。前方再行里许，江面宽阔，近岸处唤作'蜀王兵阑'，便是本地闻名的险滩了。"

说话间，众人又往前走了里许，果见大江江面陡然开阔，遥望对岸，不辨牛马。

祁商指着靠近对面右岸的江滩道："郡守大人仔细看，那边近岸处许多尖石刺出水面，便是所谓'蜀王兵阑'了。"

众人拢目光仔细看时，果见对面近岸的水面上隐隐约约有许多尖刺一般的石头露出江面。

祁商接着道："此地以东约三百里便是江阳（今属四川泸州），也就是以往巴国之境了。相传巴、蜀二国世为仇敌，常有侵伐。为防止巴国沿江偷袭，蜀王便在此江滩上设了兵阑，即兵器之阵，巴国船只到此，无不触兵阑而船破人亡。"

李冰道："此虽是传说，然而这由江底刺出水面的暗礁，稍不留神便可能船毁人亡，确是极度危险。此兵阑约占多大水域？"

祁商答道："前后总有数百步，宽度也有数十百步，有些石刺暗藏水面之下，比露出水面的更加危险。要想弄清到底由何处至何处，恐怕无人知晓，只有江水干涸才可能看清吧。"

李冰点点头，转身对徐青道："徐兄，在此处壅江，使江底露出，你看可行吗？"

徐青道："既然水下石刺能露出水面，想来此处江水并不甚深。可遣一名善识水性之人潜入水下，大致摸清水底情况，然后再行壅江，可保万无一失。"

李冰道："好。随我前来的四名水手水性皆极好，可唤他们前来，四人从四处下水，试试看能否摸清水下情形。"

很快，四位水手来到兵阑处，换好衣服，一头扎入江中。

只见四人一会儿上来换口气，又再次潜下，约莫过了大半个时辰，四人都游上岸来。各自向李冰、徐青及祁商汇报兵阑大致的边界以及在水下的情形。原来这所谓"蜀王兵阑"实是江水没过的一处石林，只是这石林顶部多尖如巨矛，其没在水中的部分倒不如何粗大，水面以下却也不是很深，仅约两三丈而已。如若无水，要凿断这些石林，铲平兵阑，可能并非难事。

听了四人的汇报，李冰冲徐青点点头，道：

"徐兄，如此说来，这儿的关键是壅江截流，把这片兵阑围起来，令其间无水，便好办了。"

徐青道："是了。只须以巨木扎起较大的杩槎，壅江截流并不难。还是需要麻烦祁令，尽快招募民众，趁现在冬季水少，及早动工啊。"

祁商道："两位为僰道百姓谋福，祁商岂敢偷懒？明日即张榜招募。只是如何施为，还须请徐兄现场指教，下官可是外行，哈哈。"

李冰道："徐兄深于此道，祁令不必担心。既然皆已查明，那么这凿除兵阑，看来是指日可待啊。哈哈！"

僰道令祁商张榜招民，由于过去"蜀王兵阑"不知夺取了多少人的性命，大伙儿早已恨透了这什么兵阑，故而踊跃报名，很快便招募了四五千人。

李冰命人做成十数个大大的杩槎，两排并进，同时横放大江之中，把兵阑一侧的江水截住，使它只能从没有兵阑的一侧流过。随着江水的流逝，很快，兵阑便从江底现身了。只见密匝匝布满了石刺，真如在江底铺了一张巨大的刺猬皮一般。这些石刺看上去有的锋锐如锥，有的如戟，有的如锤，

大伙儿早已恨透了这什么兵阑，踊跃报名，很快便
招募了四五千人。

也有横躺斜卧的，石林之间长着各种水草，这些石头表面布满黑色、褐色或者黄绿色的苔斑，宛如铁锈铜绿，使得他们更似兵器了。

李冰与徐青先下至江底，发现脚下湿滑不平，而且江水刚刚退去，水草缠绕，极不易施工。

于是李冰命人先把水草除掉；过了两日，江底较干之后，又命人拉来数百车干草枯柴，散布在石林之间，撒上硫磺焰硝，浇上鱼油，然后点着。顿时火光冲天，烧着了半边江。

约摸过了一个多时辰，火焰渐渐熄灭，李冰带人再入江底，不仅脚底不再那么滑，这些石头也已被烧得泛白，一敲之下，石屑纷纷碎落。

很快，"蜀王兵阑"便被清除干净，僰道自此航运通畅，再无触礁翻没的危险了。

# 绵水溉田

从僰道回到成都后，李冰得知绵水紫岩山的河道疏通较为顺利，王鏼正在瀑口督工，故紫岩山那边是他的一位下属督管，于是决定亲自到紫岩山一带看看。

李冰带了两名随从，骑着马，一路飞奔，赶往紫岩山。一路上，李冰感觉地势略有起伏，有的地方有不少低矮丘陵，百姓在上面开辟了农田，层层叠叠，很是美观，当地人叫作"山原田"（即梯田）。

行至绵水后，他们便沿绵水往北走，大约再走百余里，也就半日路程，便可抵达紫岩山了。可是看看天色已晚，李冰便决定先找个地方住下，明日再走。

又往前走了数里，见当路是一处村落，约有百余户人家。李冰等来至村口，四下一望，见绵水岸边有一老翁，倚靠着一株孔雀松，盘腿而坐，手握竹竿，正在垂钓。

李冰下马，向前施礼道："老人家好兴致，所获不少吧？"

老人听有人说话，抬头一看，见是位官人，便笑答道："天冷了，鱼都躲到水下，不易上钩哦。今日运气真好，钓了两条大鱼，都有二斤重！晚饭就吃它喽。"

李冰道："那可要贺喜老丈了！敢问老丈，家中可有空房？我路过此地，想借住一宿。"

老头再次看了看李冰，站起身来，收拢鱼竿。"这位大人，你算是问对人了，我家两个孩子，都去紫岩山挖河去了，家中空房确有几间。"老人回身指了指几步之外的一座篱笆门道，"这就是我家，随我来吧。"

李冰一手牵马，一手帮老人拎着盛鱼的木桶，转身进了篱笆门。李冰命手下把马拴好，自己随着老人进屋。

老人放下鱼竿，这才问李冰道："看大人的样子像是个贵人，怪不得我今天走运。敢问大人贵姓高名？要去往何处啊？"

李冰道："老丈，在下李冰，要去的就是那紫岩山。"

老人闻言一惊，赶忙施礼道："原来是郡守大人！都怪我老头眼拙，真是罪过！请大人原谅！"

李冰道："老丈又不曾见过在下，何罪之有？即便见过，老丈也是长辈，无须拘礼。"

老人连连摇头，道："郡守大人自来到蜀郡，为百姓做了数不尽的善事。我老头活了六十多年，还是头一次见到像大人您这样亲近百姓、为民造福的好官呐！真是上天赐福，让大人来到我家。大人请稍坐，先喝口水。我这就把这鱼烹了，家里还有一壶酒，望大人不要嫌弃，一定要尝一尝！"

李冰连声道："多谢多谢！叨扰老丈！"

李冰喝了口水，转身跟在老人身后，一边走一边问道："老人家，家中还有什么人？主要以何为生？"

老人一边处理鱼，一边答道："大人，我老伴儿走得早，给我留下一女二男，女儿最大，早已嫁人；大儿子也已婚娶，现已分户而居，北边那户就是；小儿子已二十二岁，前些时才有人说了媒，亲事算是定下了，等挖河的工事干完了，我就准备给他办婚事。我们庄户人家，家中有几亩薄田而已，靠天吃饭，时旱时涝，难有保障。我们靠山吃山，靠水吃水，有时也到山上打猎，但深山中多氐、羌，我们是不敢深入的，在这江上捕鱼倒是无人管束，可惜我年老体衰，撒不动网喽。"

李冰想起一路所见的山原田，便问道："老丈家种的可是那山原田？"

老人道："正是，正是！这些田在山坡上，高低不平，虽离江水不远，但无法灌溉，故而旱涝凭天。"

李冰低头想了想，道："沿绵水北上，一路升高，难道就不能把这些水引到山原田上吗？"

老人道："大人一心为民，确让我等百姓感动。可这引水上山，不易做到啊。"

两人一边聊，鱼做好了，老人还蒸了一甑（zèng）稻米饭，热气腾腾，满室飘香；老人又从内室搬出一只大陶壶，给每位都斟满一盏酒。李冰等人十分感激，说说笑笑，吃得很香。

第二天，辞别老丈之后，李冰继续赶赴紫岩山。同时，他派一名侍从快马加鞭去都安，请郑衍前来。

来到紫岩山下，李冰见百姓们开山凿石、担土筑堋，正忙得不亦乐乎。有人认出了李冰，兴奋地叫道："郡守大人来啦！郡守大人来看我们啦！"大伙儿拥上来，比见了亲人还要激动。

李冰也很受感动，他笑着冲大家招招手，高声道："诸位在此日夜操劳，极为辛苦，咱们大伙儿加把劲儿，争取今冬先把主要河道挖好、疏通好，来年也就不会有水害了！大伙儿继续干吧，我已吩咐下去，中午给诸位烹鱼吃！"

众人听了，愈是兴奋，干劲儿更足了。

数日之后，郑衍来到紫岩山下。

见面寒暄之后，李冰开门见山地道："此次请你前来，我是想请你勘测一下，绵水两岸多山原田，可否引水灌溉？"

郑衍道："此事照理讲是可行的，这几天我便沿江勘测，看看如何引水能省时省力。"

李冰谢道："如此，就有劳郑兄了。"

又过了十余日，郑衍回来了。李冰见他一脸兴奋，便知道会有好消息，笑吟吟地问道："如何？"

郑衍道："大人，我看不止这绵水，绵、洛相去不远，可以一并利用。这两条江皆自岷山流往新都谷口，其间高差不小，只要在较高处斜向引出几条支流，稍加迂曲，便不难将之引至山原。"

李冰道："极好！然而真会如此顺利？就不会有什么困难吗？"

郑衍笑道："哈哈！看来大人有瀑口的教训，思虑愈加谨慎了。不错，大人所虑是有道理的。引水需要高差，若高差过小，便不利排洪。由主河道引出支流，几经迂曲，河水流速极慢，若雨季洪水突发，这些河道极易漫衍成灾。我想可在分水口处设一道闸门，遇洪水时关上闸门，使洪水由主河道流走，只要我们把主河道挖得足够深、足够宽，也就不会发生洪灾，更不会冲决支流了。"

李冰赞道："高！此事就由你督管，这绵、洛流域千万亩良田，就靠你了。"

# 修筑栈道

　　由于秦国以十月为一年的开始，而每年年底各地都须派人入京上计（即汇报各地方的业绩）。李冰见十月已至，便留下徐青督导，自己回了成都，各地职官已统计好各自的业绩，他便派二郎前往咸阳上计。

　　三个月后，二郎从咸阳返回。

　　李冰道："孩儿辛苦！来回只用时三个多月，真是太快了。石牛道、褒斜道可不易行吧？"

　　二郎道："不瞒父亲大人，这路确不易行，只是走得熟了。有几处春水暴涨，十分凶险，幸有当地百姓指点，翻山绕过，否则，别说仨月，再有一月也回不来。"

"是了。看来这边稍有余暇，便应把修筑栈道之事提上日程了。"李冰点头说道，"大王对蜀郡诸事可有何评议？此外，我儿在京城可曾听得什么重要消息吗？"

二郎答道："大王对蜀郡诸事十分满意，并请父亲、王大人及上下人等多多保重身体。我向大王禀报过修栈道之事，大王说，蜀郡治理要紧，待蜀郡无忧，再着手修筑栈道不迟。不过大王表示，很希望早日尝到蜀郡新鲜的荔枝。"

李冰听了，不觉大笑。

二郎接着道："父亲，孩儿在京城，听闻穰侯魏冉兴兵伐齐，以扩大其陶邑的封地，对此，大王似有不满。此外，据说新来了一位客卿，叫做张禄，虽尚未得大王宠信，但据孩儿观察，此人隐忍有谋，绝非久居人下者。"

李冰道："嗯。这两件事虽然相互之间看似没有关联，但将来如何，未可知啊。不过，朝中只要不发生太大的变故，于我蜀郡而言，应该不会产生太大影响的。对了，楚太子在咸阳可有何动静吗？"

二郎道："回父亲，楚太子在咸阳过得很好，而且似乎与张禄先生相善，来往密切。"

李冰以手捻须，皱了皱眉，道："哦？有这等事？看来这张禄先生的确不简单啊。不过，楚太子与他交好，对秦国、对蜀郡而言，倒不一定是坏事，反倒可能是件好事。"

李冰命二郎去请来唐正，并把业已调往葭萌的申畅叫来。

二人到来之后，李冰对申畅道："申令调至葭萌已满一年，你呈送的计簿我已拜阅，这一年来你恪尽职守，很是不错。接下来我想请唐正先生协助你修建栈道，就从葭萌往北，先修石牛道，需开宽者开宽，需架桥者架桥，需修筑栈道之处修筑栈道。务要宽阔易行，尽量做到多数路途可并行两辆马车。我已派人前往咸阳请示大王，褒斜道虽属汉中郡，但希望让当地配合两位，一并修筑。此路一通，我蜀郡便可直趋首都咸阳，必将是极大便利。希望二位亲密合作，遇有任何困难，及时向我禀报。"

申畅、唐正二人领命，即刻起身返回葭萌，开始修筑栈道。

栈道的修建得到了昭王的支持。他命汉中太守全面配合李冰主持的修筑工程，不论人力、物力，都得到了极大保障。技术上，唐正曾跟随他的师父腹䵍修过商山栈道，自然手到擒来。

　　当然，自秦至蜀一千多里，山路崎岖，栈道的修筑极为不易，经过近五年的艰苦劳作，才算完成。自此，蜀道不再艰难，自咸阳至成都，快马奔驰，十余日便可抵达。

# 凿断虎头

　　都安虎头岩的开凿比原来想象的要困难些，进展极为缓慢。

　　这一日，李冰等赶至都安，时已过午，李冰便直接来到虎头岩，想看看工事进展如何。

　　还未到工地，就听叮叮当当之声不绝于耳。远远望去，李冰见有人从江中挑水，有人则在虎头岩上点火，更多的人则拿着凿子、锤子在凿挖已烧过的岩面，还有部分民众用竹筐把凿下来的石块运走。

　　再看虎头岩时，只见一道白花花的岩面裸露出来，就似老虎脖子掉了毛一般，甚是好笑。有的地方已经凿下去数尺深，人站在里面只露个脑袋。进

有人从江中挑水，有人在虎头岩上点火，还有民众
用竹筐把凿下来的石块运走。

展还是很快的，只是距离工程告成尚远得很。

杨磨、郑衍正在催促众人加劲快干，李冰没有急着上去打招呼，而是在旁边默默观察了一阵。他发现，干活的多是山中的氐、羌百姓，精壮肯干，不惜气力。但是开凿的方法还有改进之必要，大伙儿都是从正上方往下，一点点啃，若是从旁边、底部、顶端各个方向一起用力，效率显然会提高不少；再有，就是分工不甚合理，他们基本上分成了三队，每一队负责一块岩面，但是在火烧水浇的这个过程中，凿石的民众只在旁边看着，并不动手，这就势必造成怠工。

想到这些，李冰便命人把远处的杨磨、郑衍叫来，然后与唐正等一起商议，该如何改进。

李冰把自己想的说了出来，然后道："请诸位参酌参酌，看怎样能更快更好。"

杨磨道："当下秋收已基本结束，可招募更多民众，干得自然会更快了。"

二郎道："可把民众分成更多小队，增加火烧的点，可凿可烧之处多了，便可减少怠工。"

唐正发话道："可采用四面烧凿法，而不必只从上面往下烧凿。四面烧凿，凿通之后，便可把整块石头凿下搬走；而从上往下，只能层层烧凿，自然费时费力得多。"

李冰道："诸位说得都极好，咱们就照诸位所言，重新分组，七人一组，一人挑水，一人点火，五人开凿，每组分派五个开凿点。开凿点如何选方可省力，则请唐正、郑衍前去勘定，请杨磨把不同点分派给各组。大伙儿快去干吧。"

这样经过改进，进度果然快了一倍以上。

现在已是第五个年头，虎头岩在江面以上的部分已然凿完，但是再往下凿，为防止江水漫过来，施工时李冰让人在西面留了大约一步多宽没有开凿，如一面墙一般挡住了江水。然而如此一来便使得施工面变窄，容不下许多人手；此外，越到下面，岩石愈加坚硬，而且较为潮湿，无论是烧，还是凿，都较上半部分费力。

李冰叫来郑衍，问道："所谓'行百里者半九十'，这江面以下部分虽然施工的石方不大，却是块硬骨头啊。那么，你估计还须多久方可完工？"

郑衍道："大人，依目下的进度，估计再有一年半应该会凿完，加上其他的收尾处置，后年雨季之前总该完工了吧。"

李冰道："就算慢一点，也一定要把虎头岩凿开，要足够深、足够宽，这是整个平原治水的关键，急不得。前日瀑口过早施工，不意暴雨突至，死伤数十位百姓，这是我操之过急之错，一定引以为戒。"

郑衍道："大人放心，都安上游已经派出十位吏员，自湔氏道至白沙邮分五处，专门负责监视大江的天气及水位变化，想来应该无虞了。"

转眼又过了两年多，秦昭襄王四十一年（前266），初春。

今日天气甚好，晴空万里，李冰的心情也极好，他甚至感到一种前所未有的激动。他来蜀郡已快满六年，虎头岩终于被彻底凿开，被切断的虎头成为孤悬江心的离碓。虎头岩被切断的这道口子，进水口略窄，约十步（十五米），中间部分较宽，约十四步（约二十一米），形如瓶口，故李冰把它称作"宝瓶口"，也是希望经它流向平原的水，能如宝瓶中的琼浆玉液一般，给百姓带来无尽的福祉。象鼻、宝瓶口以及前后修筑的分水口，总名"湔堰"（今名都江堰）。

经过慎重占卜，他选择了今天作为开门放水的吉日。为此，他和王鍤、杨磨、徐青、郑衍等人皆斋戒三日，沐浴更衣，特意先去江水神祠、岷山神祠举行了祭拜仪式。

午时，吉时已到。围观的百姓挤满了江岸，从白沙邮到宝瓶口密密麻麻全是人头，都期盼着这一时刻的到来。这时，大伙儿远远望见郡守大人登上了宝瓶口的左岸，威风凛凛地站在事先筑好的一座石坛上，众人顿时安静下来。李冰面朝西方，朗声命令道："开门放水！"

江岸上的军士大声传话下去："开门放水！"命令很快传至三里外的象鼻处，象鼻上及江岸上早已准备好的两队各十数名壮丁一起用力，用巨绳拉动杩槎，两座巨大的杩槎就像两扇大门一样缓缓打开，江水"哗"地一声奔涌而入，滔滔滚滚，流向宝瓶口；眨眼之间宝瓶口已被江水灌满，在宝瓶口以下，很快被分为三支：湔江、郫江和检江，汩汩

李冰面朝西方，朗声命令道："开门放水！"

涌涌，奔流向成都平原。

后来，李冰又筹划开掘了石犀溪，连通检江与郫江，以检江之水补郫江之不足，使郫邑周围的良田获得了更好的灌溉；又命杨磨在大江右侧穿一河道，即命名杨磨江（古名羊摩江，今沙黑河），以灌溉江西之田。

郑衍在绵、洛一带开渠溉田，渐渐积累起不少经验，李冰把这些经验也推广至沱水及湔江、郫江、检江等地。几年之后，整个平原之地沃野千里。

# 水旱从人

虽然治水的主要工作已经完成，但李冰感觉并非高枕无忧。正所谓水火无情，洪水到时，冲决一切，宝瓶口两边是玉垒山和离碓，是绝不会被冲毁的，但那长长的象鼻石堋，只是竹笼填石筑就，可就难保无虞了。

除了都安这处最关键的虎头岩工程，瀑口、新都谷口、南安雷垣以及褒斜道栈道，都在这两年陆续完工，李冰高兴之余，也委实有些疲累。虽然想到了象鼻石堋存在隐患，但无暇顾及，更没有想出个好办法。

一拖又是两年过去了。昭王四十三年（前264）盛夏，窗外的雨已然下了十来天。李冰望着窗外铅色的天空，心情如那天色一般沉重。

上天似乎就爱这么捉弄人，你担心什么，它就越要送给你什么。

李冰手捻着已经花白的胡须，正在担心象鼻的安危。突然，门外跑进来一位身披蓑衣，可浑身早已湿透的年轻人，冲到门口，扑通跪在泥水中，带着哭声对李冰道："大人！江水把象鼻完全冲毁啦！"

正在担心的事情发生了，李冰不仅没觉得意外，反倒像心中的石头落了地，但他还是极为关切地问道："江水外溢了吗？可有人员伤亡？"

来人道："江水主要流向了外江，内江的水因没有了象鼻导流，反倒少了。外江也不曾外溢，没有人员伤亡。小人奉了杨磨大人之命，连夜赶来向您禀报的，杨大人见象鼻被毁，不知如何处置，还请大人示下。"

李冰闻言，不忧反喜，笑道："哈哈！看来宝瓶口果是宝瓶，内江无忧矣。你先休息片刻，吃过饭再回都安。你告诉杨磨大人，象鼻既已冲毁，现今又值雨季，且不必管它。雨季过后，咱们再重修便是。"

来人应道:"是。"

转眼又到了枯水季,李冰赶至都安,与杨磨相见后,杨磨先问道:"大人,您看这象鼻,可有办法使它永固常新吗?"

李冰笑了笑,道:"此事我已思虑多时,永固是无法做到,这常新则是必须的。试想,象鼻石埂乃是咱们用竹笼装石垒砌而成,竹笼易朽,卵石难固,能用三两年已属万幸,岂能永固?既无法做到永固,那咱们就给它来个常新,年年检修,年年更换,不就做到常新了吗?以常新求永固,虽然麻烦,却也是不得不然啊。"

杨磨听了,点点头,笑道:"难怪象鼻被冲毁时,您的反应会如此淡定。杨磨愚钝,直到今日才明白。"

李冰道:"其实还有一个原因,也是需要常新的。就是时间久了,江水携带大量砂石泥土,必然淤积于象鼻至宝瓶口的水道中,越积越多,即使象鼻不被冲毁,也会使得内江水道变浅,进水不足。所以,每年更新竹笼卵石,每年清淤淘沙,唯有如此，这湔堰才会永固常新、永葆青春！"

杨磨道："郡守英明。我这就带人前去修筑象鼻。"

李冰道："咱们一起去。"

以杩槎壅江之后，果如李冰所料，象鼻至宝瓶口水道内淤积了不少砂石泥土，象鼻被冲决，正与此有关。

不到一个月，清淤筑堋就完工了。在此期间，李冰经过观察，命人于白沙邮象鼻分水口处立了三个石人，高一丈二尺（约二点八米），分别立在内江、外江、杨磨江分水口处。经过仔细测量、计算，李冰认为，若江水低于石人之足，则必属大旱；而若高过石人之肩，则可能会导致江水漫溢，造成涝灾。

立好石人之后，李冰在江水神祠祭拜了江神，并祷告道：

江神在上，臣大秦国蜀郡守冰再拜稽首：今冰等令人于白沙邮象鼻分水口处设三石人，其令江水竭不至足，盛不没肩。江神护佑，百姓安福，冰等常年致祭，不敢有缺。呜呼！尚飨！

祭祷已毕，李冰又在宝瓶口前的山石上命人刻了六个大字："深淘滩（tān），浅包隔（yàn）。"（今作"深淘滩，低作堰"）意在告诉后人，湔堰每年都需岁修，而且一定要深深地淘沙清淤，修筑的石珊不可太高，否则不利洪水期溢洪。

从此，蜀郡水旱从人，沃野千里，号称"天府"。

## 李 冰

**生平简表**

●◎秦昭王元年（前306）

李冰约于此年生于秦之陇西。

●◎秦昭王三十五年（前272）

秦昭王接受楚人黄歇的建议，改变了由蜀伐楚的策略，开始了与楚长达近三十年的和平相处时期。李冰约于此时被任命为蜀郡守。

●◎秦昭王三十六年至秦王政元年（前271～前246）

李冰任蜀郡守，主持修建湔堰（即都江堰）等水利工程。

## ●◎秦昭王四十一年（前266）

范雎任秦相，秦国开始执行远交近攻的策略。咸阳入蜀的褒斜道、石牛道之栈道大约修建于范雎任秦相期间，主持其事者应是李冰。

## ●◎秦王政元年（前246）

约在此年前后，李冰离任蜀郡守，转任上郡守。

## ●◎秦王政十一年（前236）

李冰去世应在此年之前。

注：因史料阙如，李冰的相关事迹殊难考定，今谨据较为可靠的史料，并参照学界的相关研究，略定其年表如上，仅供读者参考。